意外に
知らない

個人事業主のための
お金の借り方・返し方

大森陽介

同文舘出版

はじめに

本書は、個人事業主の方に特化した銀行取引ノウハウ本です！

本書は、個人で事業を営む個人事業主の皆さまのために執筆いたしました。

事業を営む形態は、法人と個人の二つに分かれていて、同じ事業と言っても、その特性は税務申告、適用される法律などさまざまな点で異なります。

これは、金融機関との取引においても例外なく該当します。借入を申し込む際の、提出書類、保証条件、また、事業に適した金融機関の選定などが、法人と個人では、実はまったく異なるのです。

そんな個人事業主ならではの、金融機関とのつき合い方のノウハウがあるとすれば、知りたくないでしょうか？

先の見えない、昨今の大不況。ただでさえ、個人は法人に比べると、社会的に不利なことが多くあり、風当たりは法人よりも厳しいものがあります。そんな状況を打開するには、金融機関と上手につき合い、うまく活用することです。個人事業主には個人事業主なりの金融機関とのつき合い方があることを知り、知識武装することで、戦い抜かなくてはなりません。

私は6年間、地方の信用金庫に勤めた経験があります。

信用金庫は、営業エリアが限られた、その地域に特化した金融機関です。県単位ではなく、市、郡、町村単位の実に狭い範囲で営業活動をしています。

取引先は家族経営の工場、個人商店、飲食店、治療院や美容院など、個人事業主として事業を営んでいる人や、中小零細企業がその中心です。また、一般家庭へ消費資金のセールス、定期積金の集金など、まさにミクロ的な営業活動をしていました。

渉外係（営業）の担当エリアは、○○市△△町の□丁目というところまで細分化され、「知らないことがない」というほど、担当する町内のことを把握していました。その機動力、きめ細やかなサービスが、地方銀行や都市銀行に対する強力な武器です。

そんな信用金庫に勤めていましたので、数多くの個人事業主の方と取引をし、また同様に中小零細企業とも接してきました。金融機関サイドから見れば当たり前のことなのですが、個人と法人では、対応、手続きで異なることが多くあります。

しかし、世の中には、法人を対象にした金融機関とのつき合い方を紹介している書籍は数多くあっても、個人事業主に特化したものはありませんでした。

現在、私は中小企業の経理・財務部門の最高責任者としての仕事に就き、個人、法人での金融機関とのつき合い方の違いをまざまざと感じております。

信金マンとして300人以上の個人事業主の方と接してきた経験をもとに、「法人のための本」ではなく、「個人事業主であるあなたのための金融機関との取引ノウハウ」をここに集約しました。あなたの事業に生かしていただければ幸いです。

2011年2月

大森陽介

目次

意外に知らない個人事業主のためのお金の借り方・返し方

4章　こうすれば、お金は借りられる！　具体的な信用のつくり方、ちょっとしたコツ

5章 こんな場合はどうする？ お金を借りるときに注意したい16のポイント

6章 これで銀行員対策はバッチリ！ 銀行員の意外な視点とその生態

7章 万が一の事態に備えよう 返済が苦しくなったときの対処法

装丁　ネイキッド（村上顕一）
本文デザイン・DTP　ジャパンスタイルデザイン（山本加奈・榎本明日香）

1章

個人事業主が知っておくべき
金融機関と借入の基礎知識

お金って、どうすれば借りられる？

個人事業主こそ、銀行をトコトン使おう

「銀行、金融機関との取引が好きです」と言う方は、あまり多くはないでしょう。なぜなら、個人事業主であるあなたにとって、金融機関とのつき合いは、事業を行なううえでのひとつの機能にすぎないからです。

日頃あなたが考えているのは、資金繰りに苦労することなく、安定的に仕事があって、十分な収益をあげ、ビジネスを成功させること、ではないでしょうか。金融機関のことを考える余裕はそう多くないかもしれません。

でも、ちょっと考えてみてください。

あなたがどんな事業を営んでいるにしても、事業を行なう限り、お金の問題はずっとついてまわるでしょう。なかでも、飲食業やサービス業、製造業といった業種の方にとっては、金融機関から借入することなしに事業を継続することは難しいでしょう。

つまり、**金融機関との関係しだいで、あなたの事業の行方が決まってしまう**と言っても過言ではありません。

　また、金融機関も、競合が激しいなかで自分たちを利用してもらうためにさまざまなサービスを提供しています。それら付加価値の高いサービスは、皆さんの事業にとって、かなり有利に働くものが多いのです。しかも無料で提供されたりするので、これを利用しない手はありません。にもかかわらず、それらの有用なサービスは、意外と知られていないのです。

　本書では、「金融機関がいかに〝使える〟存在か」「どうやって使いこなせばいいか」についてもご紹介していきます。ぜひ、この情報を皆さまの事業を有利に働かせるために活用していただきたいと思います。

信用は「戦略的に」つくれる

　残念ながら、窮地に立たされたとき、ただちにまとまったお金を借りることができるような、その場だけ通用するようなウルトラCはありません。しかし、ウルトラCを出せるような状況をつくり出すことはできます。それには、次の二つを実現させることです。

・困ったときに助けてもらえる関係を築いておく
・「この人ならお金を貸しても大丈夫」という信頼を得ておく

ビジネスを成功させるために戦略が必要なのと同様に、資金の供給源である金融機関とのつき合いも、戦略的に捉える必要があります。これまで「何気なく」「なんとなく」行動してきたことを、「意識的」「戦略的」に考え、実行することで、金融機関からの信頼を獲得し、何かあったときに助けてもらえる関係を築くことができるのです。

残念なことに、金融機関はそのやり方を教えてくれません。これは別に、金融機関が意地悪をしているわけではないのです。ときには皆さんが聞く耳を持たなかったり、金融機関が「融資取引などに有利になる」とあからさまに言えなかったりするためです。

しかし実際は、3章以降で詳しくご説明するように、「何気ないこと」だけど「信用に大きく寄与すること」がたくさんあります。すぐに簡単に実行できて、それらを戦略的に実践し、上手に金融機関とつき合っていきましょう。必ず、事業を成功させるための糧となるはずです。

銀行は皆、お金を貸したがっている

銀行の本音を言えば、実は、皆、お金を貸したがっています。

そもそも、銀行の一番の収入源は、貸出金から得られる利息です。この利息収入を増やすには、貸出金の量を増やすしかありません。だから、銀行の本音は、たくさんの人、企業にお金を借りてもらいたいのです。

しかし銀行は、誰にでもお金を貸すことができるわけではありません。**返済できる取引先、返済が可能と見込める取引先にしか、融資をすることができません。**

極端な話ですが、お金を持っていない人に、物を売るわけにはいかないのと同じことなのです。

銀行とは、お金を借りに来る人を待っている「待ちの商売」という印象が強いかもしれませんが、他の企業と同様に営業部隊を持ち、常に資金を貸し出す相手を探しています。返せる見込みがあって、なおかつ借入をする需要がある人、事業者、企業を探しているのです。

そのような対象を見つけると、他の企業と同様、融資のセールスをします。

今のような景気が低迷している時期は、業績の悪い事業者、企業ばかりで、返済見込みがあって融資審査を通りそうなところは多くありません。ですから、審査の通過見込みのある事業者や企業には、多くの銀行が、借入のセールスをしに集まります。

一方、業績が低迷し、本当にお金が必要なところには、銀行は見向きもしないのが現実です。

非常に矛盾しているように感じますが、これも一般企業と同じ原理です。

どんな企業でも、代金の回収見込みのない相手に商品を売ることはしないはずです。「業績が好調で、代金回収の懸念がない相手と取引をしたい」と誰もが思っていることでしょう。銀行もそれと同じなのです。

ですから、昨今のような、あらゆる事業者、企業の経営状況が厳しい時代になると、お金を貸せる先が激減します。貸出金の量が増えなければ、当然ながら利息収入も増えません。貸出金は返済されていくので、月日がたつほど減少していきます。

返済のペースが貸し出しのペースを超えれば、当然ながら貸出金は減少し、利息収入も減っていきます。

不景気のときは、それに輪をかけて、貸出金の返済ができなくなってしまう事業者や企業が増えます。すると、不良債権とよばれる返済見込みのない貸出金が増えるわけです。

利息収入がなくなるどころか、貸し出した元のお金も戻りませんので、銀行はかなりのダメージを受けるわけです。景気が悪くなればなるほど、銀行も他の企業と同様に、業績が悪くなっていくのです。

貸せば貸すほど利息収入が増えるので、貸したくてしょうがないのですが、返済されなければよりいっそうの損害を被るので、貸すに貸せないのです。

銀行だって、経済活動が活発で景気のよい状況になることを心から望んでいます。自分たちの利益を大きくするために、本当はお金を貸したくてしょうがないのです。その点は、売上拡大、利益拡大を目指す、事業者や企業と同じなのです。

銀行員の最大の成果は新規融資先の獲得

銀行員、特に営業を担当している人の評価は、新規融資の獲得件数や獲得金額で決まります。どの企業でも同じことですが、「どれだけ稼いだか」ということがポイントになります。先ほど「銀行は皆、お金を貸したがっている」とお伝えしましたが、**融資を獲得することで、評価を受けることができるから**ということも、お金を貸したがる理由のひとつです。

ですから、銀行の営業マンは新規融資を獲得することに力を注いでいます。

銀行員と言うと、いまだに、預金を集めるノルマがある、預金を集めることが成績につながるというイメージを持っている人がいるかもしれません。

実際に、そのような時代もありました。今では考えられませんが、定期預金の利率が3%、4%もついていた頃の話です。日本の高度経済成長に合わせて好景気が続き、安定した借り手がたくさんいました。借り手が多すぎて、融資の原資となる預金量が圧倒的に足りなかったので、どこの銀行も、預金の獲得合戦を繰り広げていたのです。

ですから、その頃は借り手を探すよりも、預金をしてくれる人を探していたのです。融資を獲得するよりも、多くの預金を獲得した人が評価される時代でした。

銀行での評価がそれだけで決まることはありませんが、今は収益をあげる融資に重きがおかれています。ですから、銀行の営業担当は新規融資が欲しくてたまりません。

相手の欲しいものがわかっていると、非常に対応しやすいものです。「お金を借りる」という行為は、借りる側に「貸してもらう」という後ろめたさを生じさせます。そのような意識があると、思い切った交渉やお願い、必要なことをはっきり言うことができません。

しかし、相手が「貸したい、お金を使ってもらいたい！」と思っていることがわかれば、気持ちがラクになりませんか？　横柄になってはいけませんが、「借りてやる」「使ってやる」くらいの気持ちを、少し持つのも悪くはありません。

その営業担当者は、融資の審査が通り、貸出に成功すれば、それが評価につながるのです。貸してもらう、助けてもらうといった感謝の念は大切ですが、**へりくだる必要はまったくありません。**

銀行はどんな人にお金を貸すのか？

新規融資の獲得は銀行員の評価につながると言っても、その融資の行く末によっては、マイナス評価につながることもあります。それは、その融資が返済されずに、不良債権化する時です。くどいようですが、**銀行は返せる見込みのある先にしか融資はしません。**

しかし、返せる見込みというのも非常に曖昧な表現です。未来のことは誰も確約できないからこそ「見込み」なのですが、大きく分けて次の四つの要素があります。

①資産的返済見込み

預金や土地などの資産が豊富で、事業での返済ができなくなったとしても、預金や資産を売却して返済が可能であるという見込み

②業況的返済見込み

非常に事業が好調であり、この先も問題なく業況が推移し、事業からの収入による返済が可能であるという見込み（**※銀行としてはこれが見込めるのが理想**）

③親族的返済見込み

事業での返済が難しくても、祖父母や親兄弟に資産があり、親族の援助を受けて返済が期待できる見込み

④人物的返済見込み

人柄、世評がよく、事業意欲が旺盛で、この人ならきっと事業を成功させ、借入の返済ができるだろうという見込み（**※もっとも根拠はないものの、もっとも人の心を動かす。誰でも備えることができるので、銀行からこのように思われるのは事業を営むうえで最低条件**）

結局、返せるか返せないかということは、そのときになってみないとわからないことですが、はっきりと言えるのは、銀行は、返せる見込みのない人には、絶対に融資はしないということです。

返せる見込みという不確かなものが、右の四つのようなことです。銀行員の考える返せる見込みとはどういうものなのか、ここでよく理解しておいてください。

とりわけ声を大にして言いたいのは、**④の人物的返済見込みは、誰もが持つことができるもの**ということです。ぜひ、人物的返済見込みを持ってもらえるように、事業に真摯に取組んでください（詳しくは4章で解説します）。

銀行の営業担当者が気にすることは？

銀行の営業担当者には、融資を決める権限がありません。

後述するように、支店長やその先の審査本部の承認が必要になります。営業担当者があなたの代弁者となって、決定権を持つ人たちに対して交渉しなくてはならないのです。交渉は、主に稟議書とよばれる書類を通して進められます。そして、その稟議書だけで判断できないこと、わからないことに対しては、直接、営業担当者に質問がいきます。

その質問に営業担当者が簡潔に答え、納得させることができないと、融資審査を通過させることができません。

こういった理由から、営業担当者は、融資の申込をした事業者のこと、事業のこと、その周辺のことを熟知しておく必要があります。そのため、もしあなたが融資の申込をすると、根掘り葉掘り、言いたくないことから、本当に細かいことまで、いろいろなことを聞いてきます。

なかには、一見、融資には関係ないと思うことがあるかもしれませんが、これは、融資審査を通すために本当に必要な聞き取り事項です。

銀行員は不必要なことは聞きません。融資審査では「貸せる取引先である」ということを伝えなければなりませんから、そのための調査なのです。

ですから、答えたくないこと、提出したくない資料でも、**融資審査を通すため、自分のためだ**と理解し、快く協力してください。担当者は自分の代弁者です。自分の運命を託していることを忘れず、気持ちを込め、担当者が必要としたことには応じることを心掛けましょう。

融資の決定権は誰にある？

少しでもお金を借りやすくするためには、融資決定の順路を知っておく必要があります。なぜ、このようなことをお伝えするかと言えば、**最終的に説得する相手を心得ておく**必要があるからです。

あなたのところに来ている金融機関の担当者に、融資の可否を決める決定権があるのならさほど苦労はありませんが、そうではないのです。最終的な決定権を持つ人に届くようなメッセージを送るために、そこまでの順路を知っておくことは、非常に有利なことなのです。

まず、融資は、**①支店で決裁が可能な案件**と、**②金融機関の本部**（審査部・役員）で決裁する案件に分かれます。これがどのような条件で分別されるのかは、それぞれの金融機関によって異なっていて、その判断基準は開示していません。

一般的には、借入申込金額や、既存の借入残高、債務者区分、格付けなどで分けられます。わかりやすく言うと、**貸出金の回収見込みの難易度によって、支店決裁か本部決裁かが決められる**のです。

支店決裁と本部決裁、どちらが審査を通りやすいかは明らかなことで、人のチェック回数が多くなればなるほど、難しくなります。ですから、そのチェックに届く適切な情報を、こちらから提示しなくてはいけません。この決裁のシステムを覚えておくだけでも、融資申込に対するスタンスはまったく変わってきます。

①支店決裁

支店決裁とは、その支店内で決裁できる案件のことで、最終決定者はその支店の支店長になります（その流れは25ページのようになります）。

事業者からの融資申込を、営業担当者、もしくは融資窓口で受付をし、その案件を書類としてまとめ、融資係がチェック、審査、書類作成の補完を行ないます。そして、融資役席が審査、承認し、最後に支店長の審査となり、承認を受けたものが融資として実行されます。基本的にこのやりとりは、すべて書類で行なわれます。

この流れのどこかで承認を受けられなかった案件に関しては、融資を受けることができません。

②本部決裁

本部決裁とは、前述の支店決裁の流れに、金融機関本部での審査が加わる案件で、最終決定者はその金融機関のトップ（役員や審査部門の責任者）になります。

事業者からの融資の申込を、まずは支店決裁と同じ流れで審査し、その後、本部の審査部門担当者が審査、承認し、審査部門の役席が審査、承認、そして最後にその金融機関のトップの審査となり、承認されたものが融資として実行されます。

支店決裁と同様に、やりとりはすべて書類で行なわれます。支店内審査を通過し、支店長の承認を受けたとしても、本部の審査の流れのどこかで承認を受けることができなければ、融資を受けることはできません。

審査の流れ

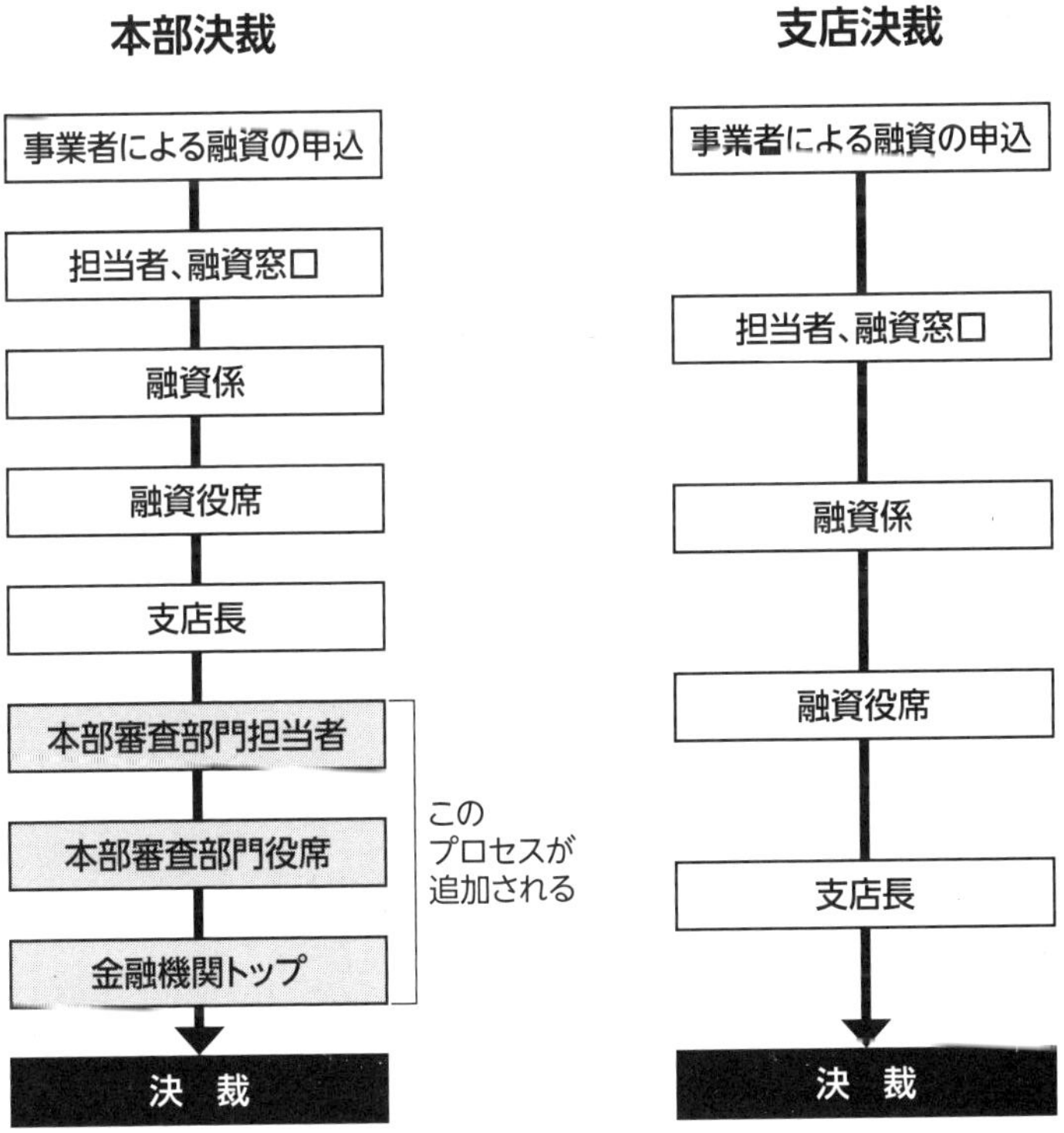
本部決裁
事業者による融資の申込
担当者、融資窓口
融資係
融資役席
支店長
本部審査部門担当者
本部審査部門役席
金融機関トップ
このプロセスが追加される
決 裁
支店決裁
事業者による融資の申込
担当者、融資窓口
融資係
融資役席
支店長
決 裁

2章

個人事業主が知っておくべき金融機関の選び方

お金って、どこからどんなやり方で借りればいい？

個人事業主であるあなたに最適な金融機関はコレ

これまでのところで、銀行員の性質や融資について、多少ご理解いただけたでしょうか。

これらのことを踏まえ、もっとも大切な金融機関の選び方をお教えします。**おつき合いする金融機関の選定を誤ってしまうと、資金調達という点で大変な苦労を負ってしまう**ほか、金融機関によって得られるメリットは異なるので、自分の事業にあった金融機関を選ぶことはとても重要です。

基本的に、個人事業主は、**地元密着型の小回りの効く金融機関との取引がおすすめ**です。具体的に言うと、**信用金庫**や**信用組合**です。

金融機関には、ターゲットにしている顧客層があります。事業の規模によって、それぞれ取引対象としている金融機関が異なるのです。取引対象が異なると、その金融機関では力を入れて支援をしてくれません。

極端な話をすると、誰もが知るような上場企業を主な取引先とする金融機関が、小規模の個人事業主を相手にしないのは想像がつくでしょう。取引をしないわけではありませんが、力を入れて向き合ってくれないのです。

一方で、個人事業主をターゲットとしている金融機関もあります。それが信用金庫や信用組合です。どちらの金融機関とつき合えばメリットが多いかは、簡単に想像ができますよね。**自分の事業を真っ向から真剣に応援してくれる、そういう金融機関とつき合うことが大切です。**そして、それは金融機関の取引対象を考えるだけである程度しぼられてくるのです。

具体的な金融機関の選び方

事業を営むのであれば、必ず金融機関とのつき合いは発生します。融資取引に限らず、売上金の入金や、仕入、経費の支払い等で利用するものですが、つき合う金融機関を選ぶ際は、常に融資取引が発生することを念頭において選定しましょう。

では、どのような金融機関を選べばよいか？

具体的に八つのポイントをあげてみます。

①近所の金融機関

金融機関は、自宅や働く場所から近いところが何よりも便利です。遠かったり、行きにくかったりすると、非効率です。移動の時間がかからない近所の金融機関を選ぶのがよいでしょう。個人で仕事をする場合、雑務に割く人手もありませんので、本業以外のことに使用する時間を削減します。

②給与振込口座の金融機関

これから事業を始める段階なら、現在の勤め先の給与振込指定口座のある金融機関を利用することをおすすめします。

金融機関は融資審査を行なううえで、取引実績を大切にするものですが、給与振込は取引の実績としてポイントが高いものです。

給与が入金される口座は、給与の入金だけでなく、公共料金の支払などを設定することが多い「動きのある口座」ですから、自然と取引実績が高くなるのです。

給与振込指定口座のある金融機関なら、融資の際にも有利に働くでしょう。

③家族が取引している金融機関

金融機関では、個人のデータだけでなく、世帯や家族の取引データも管理しています。ですから、あなたの親兄弟が昔から取引している金融機関なら、取引実績も多くあるので入り込みやすいのです。家族、世帯単位の取引を実績とすることができるので、家族が利用している金融機関を使用するのもおすすめです。

④昔から口座のある金融機関

昔から普通預金などの口座を持っている金融機関も、つき合う対象になります。金融機関は取引開始日などを克明に記録しているので、昔から持っている口座であれば、それだけ「古いつき合いである」とみなされます。融資審査は非常にシビアですが、同じ条件であれば、つき合いが古いほうが印象はよいはずです。

⑤地域密着型の金融機関

自分の事業の商圏を考え、その商圏に強いと思われる地域密着型の金融機関と取引することをおすすめします。具体的には、地銀や第二地銀、信用金庫や信用組合などがよいでしょう。なかでも個人事業主のあなたには、信金、信組との取引をおすすめします。

地域密着型の金融機関との取引をすすめる理由は、第一に、信金や信組のメインとする取引対象が、その地域内にある個人事業主や中小零細企業であるからです。信金や信組などのミッションは、その地域内の経済発展を手伝うことで、地域密着型の商売をしている個人事業主は、まさにコアな取引対象となるのです（地銀や第二地銀もその使命は似ているのですが、取引対象がもう少し規模の大きい事業になります）。

そして、もうひとつ大きな理由があります。それは、地域密着型の金融機関は事業に役立つ地域内の情報を積極的に提供してくれるから、です。自分の事業の商圏を考えたときに、その地域のことを知り尽くしていて、なおかつ情報がたくさん集まってくる金融機関からその情報を提供してもらえるメリットはかなり大きく、事業に役立てることができます。これも地域密着型の金融機関だからこそできることなのです。

⑥知り合いのいる金融機関

親戚縁者、友人知人が勤務している金融機関もよい選定先のひとつです。知人が担当者となるわけにはいきませんが、取引についていろいろとアドバイスをもらうことができます。厳しい守秘義務があるので、金融機関内部のことを口外することはありませんが、有用な情報を提供してもらえるでしょう。

何よりも、金融機関というのは、一見とっつきづらいところがあるので、知っている人がいれば、心理的負担が軽くなります。特に知っている人が取引支店にいれば、わからないことでも聞きやすいので、金融機関との取引が楽になります。融資に関しても建前ではなく、本音で話してくれるので、間違った解釈などをせずに円滑に進めることができます。

また、どんなに厳格な規定があろうとも、個人同士でつながっていれば、高いモチベーションで融資案件にあたってくれるので、そういう点でもメリットがあります。しかし、いくら知人であろうとも審査基準がやさしくなるわけではないので、その点は勘違いしてはいけないところです。

⑦フットワークのよい金融機関

ちょっとしたことでもすぐに対応してくれる金融機関、依頼したことについて、迅速に対応してくれるフットワークのよい金融機関もおすすめです。融資審査などは通常でも時間がかかるものですが、人手のない個人事業主は頻繁に支店に行くことができません。フットワークのよい金融機関ならまめに訪問してくれるので、お店へ行く手間を省いてくれます。その他にも、ちょっとした依頼ごとや、調べたいこと、質問事項にも迅速に対応してくれます。

皆さんにとっては金融機関との取引が仕事ではないので、フットワークのよい金融機関と取引することで仕事全般が楽になります。個人事業主にとって、フットワークよく動いてくれる金融機関は、やはり信金や信組など地域密着型の金融機関でしょう。

⑧担当者が来てくれる金融機関

金融機関を選ぶうえで、これが一番重要なポイントです。営業担当者があなたのもとに来てくれる金融機関と取引をしましょう。

⑦と重複する部分が多くありますが、もっとも重要なポイントです。

担当者に来てもらう三つの理由

⑧に紹介したように、営業担当者が自分のもとに来てくれるということは、もっとも重要なポイントです。

金融機関へ自分で出向かず、営業担当者が来てくれるような関係を築くのです。週に1回、月に1回でも、定期的に金融機関の担当者が来る仕組みをつくるとよいでしょう。金融機関とよい取引をするためには、まずは担当者が来てくれるようになることが絶対条件です。その主な理由を三つ説明します。

①担当者との関係を強化できる

ひとつ目の理由は、銀行の担当者が来るようになると、単純に、その担当者と仲よくなることができます。お互い人間ですので、定期的に顔を合わせることで、話しやすい関係になっていきます。どんなに厳しい規則のなかで働いている銀行員でも、担当する相手に対して情がわいてくるものです。

そこで、単なる世間話だけをするのではなく、業界のこと、仕事のこと、経営方針、自分の強みなど、仕事に対する情熱や前向きさを伝えるのです。すると担当者は、「なんとしてもこの人を支援していきたい」という使命感を持つようになります。こういったよい関係を担当者と築くことができると、多少難しい融資案件でも、なんとか審査を通過させようと必死に動いてくれるものです。

そんな**担当者の思い入れというものが、融資審査ではかなり強い力となります。**

こういった関係は、こちらが支店に通っているようでは、築くことはできません。担当者が定期的に訪問してくれるからこそ、つくることのできる関係なのです。

②担当者が本音を話しやすい状況をつくれる

二つ目の理由は、担当者が本音を話しやすい状況がつくれるということです。銀行には厳しい規定や規律がたくさんあり、それらに付随して、やってはいけないこと、話してはいけないこともたくさんあります。それらに反するようなことをしたら、その担当者は厳しい指導、ひどければ、懲罰にかけられることもあります。そのような、上司や同僚など周囲の目がありリスクが渦巻く銀行内で、担当者が本音を話すはずがありません。常に言葉を選んで話をするでしょう。

これが銀行の外、つまりあなたの仕事場であれば、担当者が気にする周囲の目は何もありません。それだけで、担当者が本音を話しやすい状況であることはご理解いただけると思います。

③自分に有利な状況で交渉ができる

三つ目の理由は、自分のもとに出向いてもらうと、融資など金融機関との交渉の際に少しでも有利に進めることができるということです。

ただでさえ、金融機関との交渉は慣れない重苦しい雰囲気のなかで行なわれます。これが支店での交渉となったら、銀行側の援軍はたくさんいて、こちらは一人で交渉の場に座らなければなりません。どう考えても圧倒的に不利な状況です。しかし、これが自分の仕事場なら、自分のテリトリー内で、慣れた雰囲気のなか交渉することができます。

融資というかなりシビアな交渉事ですから、多少なりとも心に余裕を持てる状況で臨むに越したことはないでしょう。

担当者が定期訪問する仕組み1
売上金の集金を依頼する

銀行に直接出向かずに、担当者が訪問してくれること、これが銀行と良好な取引をするための第一歩だということはご理解いただけたかと思います。

では、どうすれば銀行の担当者が自分のもとに来てくれるようになるのか？

実は、とても簡単なことです。銀行の担当者があなたのところへ訪問してくれる、代表的な二つの仕組みのつくり方をお教えします。

まず、商店や飲食店、理美容業など、現金商売をしているところであれば、定期的な売上の集金を金融機関の営業担当者に依頼してみましょう。「毎週月曜日に集金に来てほしい」などとお願いしてみるのです。

金融機関が融資業務よりも預金の獲得に力を注いでいた時代には、毎日、売上金の集金に訪れていたケースもあったようです。しかし現在は、金融機関も人員の削減などで業務を効率化せざるを得ず、売上の集金はあまり歓迎されませんが、ダメもとで交渉してみましょう。

将来、融資案件が発生しそうな事業者、業績が好調、将来性がある事業者のところへは、金融機関も喜んで集金に訪れます。定期的に訪問する口実ができるので、金融機関の営業担当者も、実は精神的に楽になるものです。

あなたにとっては、支店まで行って入金する手間が省けるのはもちろんですが、定期的に営業担当者と顔を合わせることによって、情報収集したり、金融的なこと、経営的なことの相談にのってもらえます。資金調達という直接的な機能はもちろんですが、提案や情報の提供を受けるという、付加価値の部分も大いに利用するべきです。

担当者が定期訪問する仕組み2
定期積金をはじめる

定期積金とは、一定期間、同じ金額を毎月積み立てていく商品です。この掛金を集金扱いにしてもらえば、最低、月に1回は顔を合わせることになります。この期間を3年や5年と長期に設定すれば、その間は毎月1回、担当者が集金に訪れるわけです。

都市銀行や地方銀行、第二地方銀行などは、定期積金の集金をしてくれることはほぼありません。しかし、信用金庫や信用組合では、まだ対応してくれるところが多くあります。これも、営業担当者が訪問する口実となって、意外と喜ばれるのです。

何度も繰り返しますが、集金に来られた際には、単にお金を預けるだけではなく、営業担当者との雑談や、情報収集、相談、お願いなどをすることを忘れてはいけません。また、積極的に仕事の内容を現場で見せ、伝えるようにしてください。営業担当者は、あなたの仕事について知りたがっています。そのニーズに応えることで、のちの融資につながることもあるからです。

月に1回のことですが、必ず顔を合わせる機会があるのは、事業者、金融機関のお互いにとってメリットのあることです。そして何より、預金という現金の資産が増えていくことで、信用も積み重なっていきます。そういった意味で、定期積金というのは幅広い用途と効果をもたらすよい方法です。ぜひ、利用してみてください。

金融機関の種類について

金融機関を選ぶにあたって、来てくれる金融機関が大事、信金や信組などの超地域密着型の金融機関がおすすめ、と言いました。

しかし、他の金融機関の特徴を知っておくのも大切なことです。

金融機関の種類はたくさんあって、広くは保険会社や証券会社も金融機関に入るわけですが、本書における金融機関とは、「事業に必要なお金を融資という形で供給する機関」を指しています。各金融機関の特徴を踏まえ、金融機関の種類についてお伝えします。

①都市銀行

「都市銀行」とは、東京や大阪などの大都市に拠点を置き、全国に支店がある銀行を指します。かつては二桁の数の都市銀行がありましたが、現在は都市銀行同士の合併が進み、その数は5行（いわゆる三大メガバンクとよばれる、三菱東京ＵＦＪ銀行、三井住友銀行、みずほ銀行、そしてみずほコーポレート銀行、りそな銀行）になりました。

全国的な知名度は高く、個人での利用者は多いものの、融資業務に関しては事業規模の大きな企業を対象としています。

もちろん個人の消費者ローンや、個人事業主や中小企業に対する貸付業務も行ないますが、銀行側からの積極的なアプローチはまずありません。

と言うのも、ひとつの支店が担当するエリアは広大であるため、営業担当が受け持つ企業は限られてしまいます。地域に特化するような営業活動はできず、おのずと大企業への営業が中心になります。

全国各地に支店があるので、預金を利用する分には便利ですが、個人事業主が資金の調達先として見る場合は、あまり適さない金融機関です。

ただし、知名度や利便性が高いので、売上の入金用口座のひとつとして利用するのはよいでしょう。

②地方銀行

「地方銀行」とは、営業地域が本店の所在している都道府県とその周辺の地域に集中している、地域に密着した金融機関です。横浜銀行や群馬銀行など、その都道府県を代表するような金融機関で、社団法人全国地方銀行協会に所属しています。

特に県レベルで見ると、店舗の数やATMの設置台数が多く、仕事以外で利用するにあたっても便利です。地域の中小企業、個人事業主、個人を主な取引対象としています。

融資業務に関しては、地方の比較的規模の大きい企業に力を入れており、その地域を代表するような企業のメインバンクであることが多いです。個人事業主とも取引は行なっていますが、中小企業を対象とした営業活動に力を入れているため、都銀ほどではありませんが、銀行側からのアプローチが多いとは言えません。

預金取引については便利なので、何かしらの口座を持っておくことをおすすめします。

③第二地方銀行

「第二地方銀行」は、地方銀行同様、営業地域が本店の所在している都道府県と、その周辺の地域に集中している、地域に密着した金融機関です。前身が中小企業専門金融機関である相互銀行で、第二地方銀行協会に属しています。

営業都道府県内において、規模が地方銀行の二番手というイメージが強く、取引対象は地方銀行と同様、中小企業、個人事業主や個人です。融資業務に関しても、地方銀行同様、比較的規模の大きな中小企業を対象としています。ただ、地方銀行ほど規模にこだわらず、中小企業、個人事業主へもアプローチをしています。メインバンクではなく、二番手としての存在、地方銀行とかぶらない地域での営業戦略が目立ちます。

④信用金庫

「信用金庫」は、地方銀行、第二地方銀行よりさらに営業地域がしぼられている、市町村、郡単位の、より地域に密着した金融機関です。協同組織金融機関のひとつで、「相互扶助」を目的とした協同組織の形態をとっているのが特徴で、出資者を会員と言います。

営業地域が一定の地域に限定されていることから、預かった資金がその地域の発展に生かされている点で銀行とは大きく異なります。

地銀、第二地銀と同様に、取引対象は中小企業、個人事業主、個人。ただし、信用金庫は地銀などとは異なり、市町村、郡単位と狭く限られた営業エリアに多くの店舗を展開し、人員も投入しているので、よりきめ細やかな営業が可能です。よって、本当に小さな企業から地域を代表するような企業、個人商店や家族経営の工場など、街の隅々にわたる事業者、会社を取引対象としています。

また、事業者以外の一般個人への営業活動も盛んで、サラリーマン家庭に対する住宅ローンや教育ローン、自動車ローンなどの消費資金のセールス、年金振込指定口座の獲得や、定期積金の掛金の集金まで行ないます。

「Ｆａｃｅ ｔｏ Ｆａｃｅ」という信用金庫のキャッチフレーズに違わず、お客と信用金庫、両者が顔を合わせる距離の近い営業活動を行なっています。当然ながら、個人事業主へのアプローチも積極的で、多くの取引実績がある金融機関です。

⑤信用組合

「信用組合」は、信用金庫同様、営業エリアが一定の地域に限定された地域密着型金融機関です。信用組合も協同組織金融機関のひとつで、「相互扶助」を目的とした協同組織の形態をとっており、出資者を組合員と言います。

取引対象も信用金庫とほぼ同様で、市町村、郡と限定されたエリア内の中小零細企業、個人事業主、個人を対象としています。地域密着型の営業を得意とし、一般個人家庭に関しても積極的に営業活動を行なっています。組織の成り立ちの違いはあるものの、信用金庫とほぼ同内容の特徴のある金融機関です。信用組合も当然ながら、個人事業主に対するアプローチは積極的で、取引実績も豊富です。

⑥政府系金融機関　株式会社日本政策金融公庫

２００８年10月、国民生活金融公庫、中小企業金融公庫、農林漁業金融公庫、国際協力銀

都市銀行	事業規模の大きな企業をメインターゲットとしている
地方銀行	地方の比較的規模の大きな企業をメインターゲットとしている
第二地方銀行	顧客対象はほぼ地方銀行と同じだが、若干、対象はきめ細かい
信用金庫	中小零細企業・個人事業主などがメインターゲット
信用組合	信用金庫とほぼ同様
日本政策金融公庫	政府系金融機関。民間の金融機関より条件のよい融資が充実
商工組合中央金庫	日本政策金融公庫同様、民間金融機関より有利な融資条件が多い

行が合併して誕生した政府系金融機関が「日本政策金融公庫」です。公庫の役割は、一般の金融機関から資金の融通を受けるのが難しい中小企業や個人事業主へ、直接資金を供給することです。

事業は「国民生活事業」と「中小企業事業」に分かれ、国民生活事業では小口事業資金融資をはじめ、教育資金を必要とする方への教育資金融資制度、恩給や共済年金を担保とする融資など、国民生活に密着した幅広い融資を行なっています。

中小企業事業では、中小企業向けの長期事業の資金を融資しています。

個人事業主に関する制度は「国民生活事業」で、多くの業種の事業が利用できる「事業資金融資」と、生活衛生関係事業者（飲食店、美容室など）向けの「生活衛生融資」があります。

また、国民生活事業ではないものの、経営改善を図ろうとする小規模事業者を支援するための「マル経融資（小企業等経営改善資金融資制度）」など、個人事業主にとって非常に有用な制度が充実しています。

⑦政府系金融機関　株式会社商工組合中央金庫（略称：商工中金）

「商工中金」は、政府が中小企業の組合とともに共同出資をして設立された政策金融機関です。平成20年10月に株式会社化されました。日本政策金融公庫と同様に、政府系金融機関に分類されています。

融資業務だけではなく、預金業務、債券の発行、国際為替、手形を通じた短期金融など、民間金融機関と同じ業務を行ないます。全国各都道府県に最低1ヵ所は拠点があります。

民営化される予定ではありますが、完全な営利を目的とするものではなく、あくまでも、政府と中小企業の組合が共同で出資しているため、その構成員のために民間の金融機関よりも有利な条件で融資を行なっています。

借入金の種類1 運転資金

金融機関からお金を借りる――ひと言で借入と言っても、借入金にはたくさんの種類があります。借りる側にとっては、ここで登場する専門用語は関係ないと思いがちですが、そんなことはありません。覚える必要はありませんが、どのようなものかくらいは知っておくと役に立ちます。

借入金の種類は、使い道、いわゆる**資金使途**で分けられます。資金使途は、**運転資金**と

設備資金の大きく二つに分けられます。

まず、運転資金とは簡単に言うと、事業を営むのに必要な資金のことです。

小売業や卸売業なら、販売する商品を仕入れるための資金、製造業であれば、製品をつくるのに必要な材料を仕入れるための資金、外注を頼むための資金、飲食店であれば、食材を仕入れるための資金、さまざまな事業に共通するもので言えば、従業員への賞与や給与を支払うための資金です。

運転資金を必要とする場合、必ず何かしらの理由があります。取引先の入金が遅れている、売上が増加し、そのために先にかかる支払いの金額が急増した、などさまざまです。いわゆる、資金繰りの都合がつかなくなることが予想されたり、不安になったりするときに必要になる資金です。

金融機関に借入の申込をするときは、広く運転資金と言うのではなく、**いつ頃、何の支払いに対して、いくら必要なのかをはっきりさせておく**ことが大切です。

数ヵ月間、または数年間の資金繰りのシミュレーションをたて、目先の資金不足だけではなく、長期的な資金繰りを考え、本当に必要な運転資金の額を算定する必要があります。

運転資金の返済原資は、一般的に売上金とされています。月々の返済は、売上から支払われる諸経費の一部として考えて、事業で利益をあげながら、なおかつ返済可能な金額を設定する必要があります。

運転資金は、次にご説明する設備資金のように何に使うかが確定している資金ではないので、その分、**金融機関の審査が厳しい資金**であるとも言えます。

借入金の種類2
設備資金

設備資金とは文字通り、事業に必要な設備を購入するための資金です。たとえば、

製造業→工場の建設資金や製品をつくるために必要な機械の資金
小売業→店舗の建設資金や、レジスターや棚などの店舗付属設備を購入する資金
飲食店→店舗の建設費や調理器具、業務用冷蔵庫などの購入資金
理美容業→シャンプー台や散髪用の椅子

など、その仕事を営むにあたって必要な設備を購入するための資金を指します。

設備資金の融資を申し込むときには、必ずその設備自体の見積書や、その**設備を導入する理由**が求められます。大半は、売上向上、売上維持、事業拡大、差別化などのために設

備を導入すると思いますが、それを**より具体的に説明できるのが理想**です。

また、**返済計画も具体的である必要があります。**新設備の導入に伴い、期待できる売上の伸びなどを数値化して、そこから得られる利益と、毎年の減価償却費を足した金額を返済原資と考え、月々返済可能な金額を導き出します。

設備資金の融資を受けたあとには、必ず支払いの領収書の提出を求められたり、現場での確認が行なわれることに注意してください。それによって、金融機関が**設備資金として実行した融資が、他のことに流用されていないかを確認している**のです。

と言うのも、「設備資金は、売上の向上、事業の拡大のために、設備を購入する目的に使用される」と先ほど述べました。その資金を設備購入以外のことに使用してしまうと、売上の向上など事業のプラス面にはつながらず、返済負担が増加するだけで、事業にとってマイナスにしかならないからです。

たとえば、「店舗を改装し、きれいになったお店で売上を伸ばす」という名目で飲食店がお金を借りたとします。しかし、そのお金を材料費などの支払いにあててしまったとすると、店舗を改装し、きれいなお店で売上を伸ばすことはできません。むしろ店舗は老朽化し、売上減少の要因になります。

設備資金を、その資金使途以外に使用すると、売上は減少し、借入金返済の負担が増加するという負のスパイラルに陥り、事業がおかしくなってしまうのです。

そのような危険性を含んでいるので、もし、設備資金を他のことに流用しているという事実が金融機関側に知れたら、その融資に関して一括返済を求められたり、その後の支援は受けられなくなってしまいます。

設備資金は、その資金使途通りに使用するのが鉄則なのです。

具体的な借入金の種類1
当座貸越

借入の方法は数種類あります。その方法によって、借入の質——具体的には、返済の仕方や、貸出の期間、金利などが異なります。借入をするにあたって、その種類ごとの性質をおさえておくことも、有利に取引するための秘訣です。

ひとつ目の「当座貸越」は、当座預金に連動する借入方法です。当座貸越は、その金融機関に当座預金がなければ使用できません。当座貸越は、当座預金の残高が不足した場合に、あらかじめ設定した極度額まで支払いができる融資方法のひとつです。

たとえば、融資貸越極度額が300万円に設定されているとします。当座預金の残高が100万円あり、200万円の支払いがあったとすると、当座預金残高をマイナス100万円として、支払うことが可能になります。もし、貸越極度額が設定されていなければ、200万円の支払いをすることはできません。

このように、当座預金と当座貸越は連動しているため、当座預金がマイナスになると、自動的に当座貸越で融資を受けるという形になり、借入申込書の提出などは必要ありません。当座貸越は、あらかじめ金融機関との契約が必要な取引です。

当座貸越は、決まった返済日があるわけではなく、いつまでも残高をマイナスの状態、つまり借入したままにすることができるので、借入金の種類のなかでもかなり審査が厳しいものです。それ相応の信用が必要であり、事業がかなり好調であるか、資産状況が良好、不動産などの担保がなければ受けることができません。

具体的な借入金の種類2

手形割引

「手形割引」とは、売上代金として受け取った手形を、金融機関が買い取ることによって資金が出される融資方法です。

手形とは、資金化される期日が30日、60日、90日など、先延ばしになっている有価証券です。事業者にとっては、売り上げたものがすぐに現金にならないので、現金化されるまでの資金繰りに困ります。

そこで、金融機関が一定率のレートと手形の取立手数料をもらい、手形を買い取り、早期に資金化します。金融機関は、買い取った手形によって資金を回収するため、他の融資よりはリスクが少なく、実行しやすい方法です。

金融機関は、その手形の決済によって資金を回収しますので、手形の支払人（手形を振り出した事業者）の信用状況を調査します。その信用状況が悪ければ、手形割引に応じることができません。返済原資である、手形が決済されない恐れがあるので当然のことです。

また、手形割引を行なった手形が不渡りとなった場合、金融機関に割引を依頼した事業者は、金融機関に対して手形を買い戻す義務が発生します。この買戻しが行なわれないと、金融機関は貸倒れになってしまいますので、その事業者に手形の買戻し能力があるかどうかをよくチェックします。つまり、手形を振り出す事業者、手形の割引をする事業者、双方の信用がなければ実行できない方法と言えます。

具体的な借入金の種類3

手形貸付

金融機関を受取人とする約束手形を差し入れて融資を受ける方法を「手形貸付」と言います。主に1年以内の期間で返済する、短期の融資を受ける際に利用されます。

たとえば、建設業で3ヵ月後に売上代金が回収できることがわかっていて、現時点で借入が必要な場合には、3ヵ月後を返済期限とした手形貸付で融資を受けます。

飲食店なら、一時的に必要になった運転資金などを、季節要因で売上がいつもより多い月を返済期限とし、手形貸付によって融資を受けます。

手形貸付では、主に一括返済の方法がとられますが、分割返済も可能です。1ヵ月ごとの返済や3ヵ月ごとの返済など、資金繰りに合わせた返済方法を金融機関と協議します。

たとえば小売店で、12月、1月、2月に売れ行きのよい商品があるとします。その商品を仕入れるにはまとまった資金が必要で、借入をすることになりました。その返済を、「商品の売れる12月、1月、2月の3ヵ月での分割支払いにする」というような取り決めをするのです。

手形貸付は、運転資金の融資によく使われます。返済期間を1年以内としているので、設備資金としての利用はまずありません。返済期間が短期間であるため、金融機関としては貸倒れに対するリスクが少なく、比較的取り組みやすい貸出方法のひとつです。

具体的な借入金の種類4
証書貸付

「金銭消費貸借契約書」という契約書を金融機関に差し入れて、融資を受ける方法を「証書貸付」と言います。融資という言葉がもっともあてはまる貸出方法です。主に、長期間の融資(返済期間が1年以上)を受ける際に使われ、設備資金と長期運転資金に利用されます。

設備を導入しても、その導入費用と同程度の金額がすぐに売上や利益としてあがるわけではありません。設備の導入による効果は、毎月、毎月、長期間にわたり、売上や利益の増加といった形で表われるわけです。そのキャッシュの増額によって借入を返済していくので、1年以内などの短期間で返済できるものではありません。

ですので、設備資金として受けた融資は、長期間で返済が行なわれるため、証書貸付の形がとられるわけです。

運転資金は通常、1年以内の短期の返済期間が設けられますが、返済期間を長期にして、その割合だけ返済の分割回数を多くすれば、月々の返済負担は小さくなり、資金繰りが楽になります。ですので、長期運転資金として証書貸付を利用するケースがかなり多くあります。

証書貸付はその性格上、返済期間が長いため、金融機関にとってもリスクが高く、貸出に対する審査はそれだけ厳格なものになります。

証書貸付を行なう際に交わす「金銭消費貸借契約書」には、融資を受ける際のさまざまな決め事が書かれています。非常に細かく書かれているので読むのは大変ですが、大切な取り決めばかりなので、一読しておくのがよいでしょう。

具体的な借入金の種類5
事業者カード

「事業者カード」とは、当座貸越の一種ですが、当座預金とは連動していない貸出方法です。当座貸越と同様、貸越極度額を設定し、極度金額以内であれば自由に借入できるといった商品です。ただし、使用できる契約期間などは決まっており、期限が来たときには返済や、契約期間の更新手続きなどが必要になります。

返済方法は証書貸付と同様で、毎月、決められた金額を返済し、借入している金額に合わせた利息を支払い、またそれとは別に、借り入れた元金のみ、好きなときに返済できます。各地の信用保証協会で取り扱うことが多く、金融機関の審査の他に、信用保証協会での審査が加わります。いつでも、好きなときに出し入れできる便利な借入方法ですが、貸出利息は若干割高で、信用保証協会に支払う保証料も発生します。

しかし、持っていればいざというときに審査を必要とせずに資金を調達できるので、安心で便利な商品であることは間違いありません。

具体的な借入金の種類6
消費資金（自動車・教育・カード・住宅・その他消費資金）

消費資金とは、事業資金ではなく、個人が何かを購入したり、サービスを受けるのに必要な資金のことを言います。

金融機関が消費資金としてあげるのは、主に、住宅の購入、自動車の購入、教育・進学費用、また何かしらの物品の購入など、です。これらの消費資金に対する融資も、長期にわたる証書貸付で行なわれることがほとんどです。特に住宅ローンはかなりの金額の債務を負うため、短期間で返済することは不可能で、20～40年の長い期間をかけて返済していきます。

これら消費資金の返済原資は、サラリーマンであれば月々の給与、事業者であれば事業からの収入です。個人事業主も消費活動を行なう一個人ですから、この消費資金を使用する対象者にあたります。ただし、借入条件がサラリーマンとは異なる融資もあるので、申込時は注意が必要です。

また、個人事業主の方は、事業資金の借主も消費資金の借主も自分本人であり、その経済活動は同一と見られるので、消費資金を利用する際は、事業資金のことを考慮に入れて申し込むことが重要になります（詳しくは5章）。

また、消費資金には、限度額だけが設定されていて資金使途が自由な商品や、当座貸越の一種で、これも資金使途が自由なカードローンなどの商品もあります。これらは基本的に、事業資金ではない、個人を対象とした商品です。

比較的借りやすい融資制度融資を使う

金融機関の融資には、借りやすい融資とそうでないものがあります。「借りやすさ」は申込者の経営状態、財務状態によって異なるのですが、そもそも、借りやすい「制度融資」という商品があるのです。

制度融資とは、県や市町村が、その地域の中小零細企業、個人事業主に対して行なっている融資のことです。各地方自治体が、その地域の信用保証協会と協力して、さまざまな用途に応じた制度融資を作成しています。

この制度融資は、自治体が関与していること、次項で説明する保証協会付の融資であることから、プロパー融資（保証機関・会社のつかない、その金融機関独自の融資）より借りやすくなっています。各金融機関自体が、このような制度融資をすすめる傾向があり、条件の厳しいプロパー融資よりも借りやすくなっているのです。

ただ、制度融資という名前の通り、ある程度の条件が決まっています。借入限度額、返済期間、利率、返済方法等、あらかじめ融資に対する一定の決まり事があります。これは、交渉してもどうなるものでもありませんので、お気をつけください。

また、制度融資の内容は各都道府県によって異なり、詳細は商工会議所、各市町村、都道府県などで公開されています。

信用保証協会の利用

信用保証協会とは、個人事業主や中小企業が金融機関から融資を受ける際、実質的な保証人になってくれる機関です。金融機関から借入を受ける際、その債務に対し、信用保証協会が保証をします。そして、万が一、返済が不能になったときに、代わりに弁済（代位弁済）してくれます。

保証協会の保証を利用するメリットは、融資がスムーズに受けられることです。保証付融資は、金融機関にとって優良な貸出債権ですから、借り手にとっては非常に借りやすい融資です。先に説明した通り、その借入を信用保証協会という第三者が保証してくれるので、金融機関にとっては貸倒れのリスクが激減します。貸倒れリスクの少ない債権ですから、優良な債権、つまり金融機関にとっては「貸しやすい」のです。

しかし、万が一、返済ができなくなって、保証協会に代わりに返済してもらったとしても、その債務がなくなるわけではありません。借り手は保証協会に対して、代位弁済を受けた分のお金を返済しなくてはなりませんので、そのことは覚えておいてください。

1. 保証の申込み

金融機関から申し込む。金融機関と相談の上、金融機関に備えつけてある保証申込書類を作成し、保証協会へ申し込む。

2. 保証の申込みから承諾[都道府県の信用保証協会]

- **保証申込の受付**
  金融機関からの申込みを受付
- **調査・審査**
  事業内容の検討や、面談、現地調査等に基づいて、企業の将来性や返済能力について審査
- **保証決定**
  調査・審査により、保証の諾否を決定
- **保証承諾**
  保証が承諾決定となったら金融機関宛に信用保証書を発行
  その後、金融機関で所定の手続きを経て融資の実行

3. 融資実行[金融機関]

注意)金融機関で融資実行の際、保証協会へ信用保証料を支払う

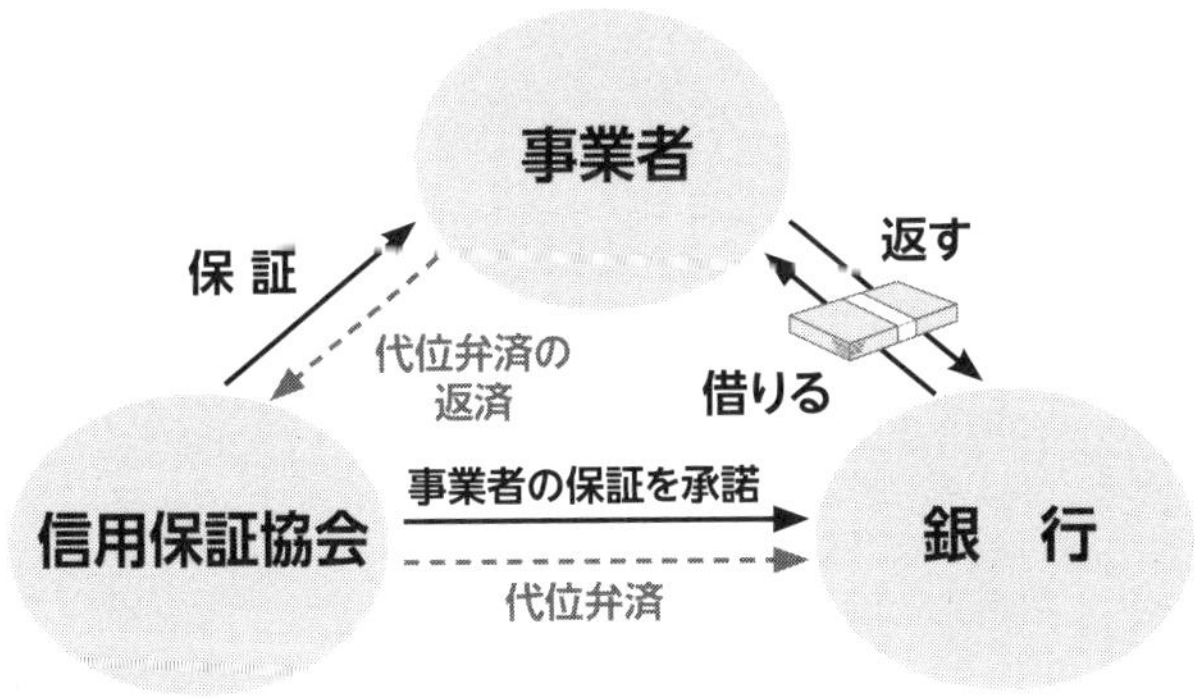

保証協会付きの融資には、いろいろな種類があります。先ほど説明した制度融資などは、保証協会付融資の代表例です。個人事業主の事業規模ですと、この保証協会付の制度融資を使用するのがよいでしょう。担保をとられないなど、比較的よい条件で借入をすることができます。

「保証付き融資」の注意点

信用保証協会の保証付き融資を利用する場合には、保証料を支払わなければなりません。融資を保証してもらう対価として、保証料を支払います。保証料は基本的には融資実行時での一括払いです。

しかし例外も認められていて、分割での支払いも可能です。また、期限前に一括返済した場合は、期間に応じて、保証料の返還を受けることもできます。

この保証料の金額は、借入を申し出る事業者の信用リスクによって変わります。具体的な信用基準は公表されていませんが、信用リスクが高ければ高いほど、保証料も上がる仕組みになっています。

ちなみに、保証料のほとんどは、融資実行時に融資金額から差し引かれます。つまり、入金される融資金額から、保証料を差し引いた金額が入金されます。そのため、借入金額を決めるときは、この保証料も考慮に入れなくてはいけません。保証料で差し引かれる金額を計算に入れておかないと、その分まるまる足りなくなってしまいますので、ご注意ください。

保証付き融資でスムーズな借入をする

保証付き融資には、保証料が発生することは説明しました。この保証料の支払いを嫌い、保証付き融資を好まない方が多くいます。

「お金がないからお金を借りるのに、なんで、お金を払わなければいけないのだ」という疑問があるのでしょう。しかし、保証協会の保証なしで、プロパー融資を受けられる事業者などほんのひと握りです。しかも、無担保無保証で、プロパー融資を受けられる事業者など、ほんのわずかでしょう。

それでもプロパー融資を望むのであれば、きつい担保や、保証人（ときには複数）を要求され、なおかつ難しい交渉に臨まなくてはなりません。しかし、保証料という代金を支払えば、融資の通りやすい良質な保証をつけることができるのです。

一概にどちらがいいとは言えませんが、どちらの融資が通りやすいのかは、明らかです。業績のよい事業者が少ない昨今では、金融機関がはじめから保証協会を利用した融資をすすめてきます。それは、裏を返すと、保証協会を利用しない融資は難しいという意味が込められています。

金融機関の担当者に融資の相談をすれば、ほぼ間違いなく、保証付き融資をすすめてくるでしょう。特に、先にご紹介した「地方自治体が絡む制度融資」をすすめてきます。簡単に言えば、よほどの業績や、良好な資産がない限りは、保証付き融資を選ばざるを得ないということです。

3章

こうすれば、お金は借りられる！
あなたが説明すべきこと・つくるべき書類

＼お金を借りるポイント、好印象を与えるテクニック／

「返済能力がある」ことを伝える

融資の審査は、書類をもとにして、1章で紹介した審査の流れに沿って行なわれます。ですから、書類の出来が融資審査を左右する最大のポイントとなるわけです。

この書類は、渉外担当者や融資係がつくります。どんな書類かと言えば、**これから審査を行なう人々に対して、「この人にお金を貸しても、返済できるので大丈夫ですよ！」と説得する書類**なのです。

金融機関は、返済が見込めない相手には絶対に融資はしません。ですから、「この人（あなた）に借入金を返済できる能力がある」ことを書類で伝えるのです。

担当者が、審査をするすべての人に直に説明することはできませんから、いかにその書類に、直接説明するのと同じくらいの説得力と、担当者の思い、見たこと、聞いたことをのせられるかが、重要になります。

審査する側も、情報が多ければ多いほど、担当者が見たもの、聞いたことを共有できますし、申込事業者の実態が鮮明になります。

その実態が、審査する人にはっきりとしたイメージとして浮かび、滞りなく返済することが可能だと判断されると、段階を経て審査を通過していくわけです。

ですから、**あなたはできるだけ多くの情報を、担当者に伝える必要があります。**あなたの情報が伝われば伝わるほど、その書類の情報は濃密になって、融資審査に有利に働くのです。

担当者に事業を把握してもらう

融資の申込にあたり、まずは自分がどのような事業をしているかということを、金融機関の担当者に把握してもらう必要があります。**何によって売上を得ているか**ということです。製造業であれば、何をつくっているかなどを詳細に説明する必要があります。

たとえば、あなたの事業が「バネ」をつくることだとします。これを担当者に伝えるときに、「バネをつくって売っている」と、そのままを言うのではいけません。

そのバネは「どこの会社がつくる、どんな部品に使われるバネで、また、その部品は、ど

・そのバネは、どこの会社がつくる、どんな部品に使われるバネなのか?
・その部品は、どこの会社の、何の製品に使われるのか?

最終的な製品を説明する

↓

営業担当者が**「その事業が事業として成り立つのか」「現在の業界の動向、予測」**などを読み取れるようにする

この会社の、何の製品に使われるのか」を説明します。部品を扱う事業、部品の部品を扱う事業は、最終的な製品を説明する必要があります。

それがわからないと、その事業が事業として成り立つのかどうかや、現在の業界の動向、予測などを読み取ることができないからです。最終的な製品の売上の展望が悪ければ、それは部品を製造する事業の売上の展望も悪いことを意味します。

飲食店の場合も同じです。取扱メニュー、値段設定、客層についてなど、現在や未来の業況を予測できるような情報を詳しく伝えておく必要があります。

まずは、自分の事業について、しっかりと担当者に把握してもらう必要があるのです。

資金使途をはっきりさせる

「資金使途をはっきりさせる」ことは、融資審査のなかでもっとも重要な項目のひとつです。まずは、なぜ資金が必要なのか、何に使うための資金なのかをはっきりさせます。

これは、先ほどの「事業内容」と、「資金の使い方」に矛盾がないかを見るためです。

2章でもお伝えしたように、融資されたお金は、適切な事業に使用されなければ、その事業活動から得られる売上や利益から返済することができません。

特に**設備資金の場合、営む事業とまったく関係ないものに対しては融資されません。**設備は、事業を拡大、成長させるものであり、新たな収益を生み出すものです。ですから、事業に関係のない設備の導入であれば、たとえ返済が可能だと見込まれたとしても、返済負担が増加し、事業を圧迫するだけです。

極端な話ですが、飲食店のオーナーがお金を借りて自分が乗るための車を購入しても、事業の売上や利益の拡大につながることはなく、たんに借入金の返済額が増え、資金繰りを悪化させるだけ、ということです。

金融機関は、事業を悪化させるような資金についての貸出は絶対にしませんから、その資金使途があいまいである限り、貸出が承認されることはありません。まずは、資金使途をはっきり伝えることが重要なのです。

運転資金であっても、どのような支払いにその借入金をあてるのか、その資金導入によって、どのくらいの余裕ができるのかなど、できる限りのことを伝えるのです。融資を必要とするには必ず何かしらの理由があります。何のために、その資金を必要としているのかという理由、まずはそれを明確に金融機関に伝えましょう。

その借入によってどのような効果があるかを説明する

資金使途の説明の延長になりますが、**その借入が事業に及ぼす効果**を説明することも重要です。先述の通り、審査は書類で行なわれるので、担当者がその詳細を書類に込められるようにする必要があります。借入金は常に、事業にとってよい効果を及ぼさなければなりません。それを金融機関に説明するのです。具体的に言えば、

「○○の資金を借り入れることにより、△△になり、□□のような効果が見込まれる」

ということを伝えるのです。

たとえば、イタリア料理店なら

「ピザ用の石窯購入の資金を借り入れることによって、石窯を購入し、本格的な石窯焼きピザをお客に提供できるようになり、他店との差別化が図られ、売上の増加が見込まれる」

これをさらに、詳細にします。

「○○市内では、本格的な石窯焼きピザを提供するイタリア料理店はありません。この石窯を購入すれば、本格的な石窯焼きのピザをつくることができるようになって、看板メニューとすることができます。ましてや、○○市内において唯一、本格的な石窯焼きピザを提供できるイタリア料理店となるので、他のイタリア料理店に対し、圧倒的な差別化を図ることができます。既存客に加えて、この石窯焼きピザを目当てとする新規顧客が増加することで、売上、利益の増加が見込まれます」

といったように、その借入金を利用することで事業にどのような効果をもたらすかということを、担当者がわかりやすく書類に記入できるように、伝えるのです。

この例のように、設備資金は「事業における効果」を伝えやすいのですが、運転資金はそうはいきません。運転資金は、設備資金以外の資金使途すべてです。運転資金の効果は基本的に次の例に集約されます。

「運転資金を借り入れることで、資金が足り、支払いができるようになる」

これをさらに詳細に説明します。

資金が足りない要因、背景、そして具体的にどのような支払いにあてるかということを担当者に伝えるのです。

たとえば、製造業の場合、

「急激に製品の受注が増えて、その材料を受注の増加に合わせて購入しなくてはなりません。受注の増加に比例し、支払いの金額も増加しています。支払いが30日のサイトで、売上の入金が60日のサイトなので、増加した売上が入金になるより先に、増加した支払いをしなくてはなりません。このタイムラグを埋めるための運転資金が必要です」

このような一連の要因、その背景、そして、その材料を具体的にどこに払うのかということを担当者に説明するのです。

実態の見えにくい資金だからこそ、その事業内容に沿う、借入に対する理由が必要になります。その資金の必要性がわかるような情報を、とにかく担当者に詳細に提供しましょう。説明が少ないほど担当者が書類に落とし込む説明が少なくなり、逆に、説明が多いほど書類に落とし込む情報が多くなるので、審査する側にとっても、想像しやすくなります。わからないものより、わかるもののほうが、印象がよいのは当然のことです。

「自分の業界」について説明する

先述の「担当者に事業を把握してもらう」に通ずるところがありますが、金融機関の担当者に自分の事業の業界についてよく説明し、理解を得ておくことも重要なことです。

担当者は、言わばあなたの代弁者です。担当者の主観、判断を織り交ぜながら、あなたの代わりに融資申込の書類（稟議書）を作成するわけですから、その事業特有の商慣習や、季節的な事柄、業界動向、競合先、業界で有名な事業者などをよく話しておきましょう。

たとえば、あなたがイタリア料理店を経営しているのなら、どんなスタイルの店が流行っているか、またどんな料理が流行っているか、スパゲティの原価はどのくらいか、売上のよい月、悪い月はいつか、材料費の推移、地域で有名なお店、地域外で有名なお店はどこか、競合店はどこか……など、業界についての詳細な情報を伝えるのです。

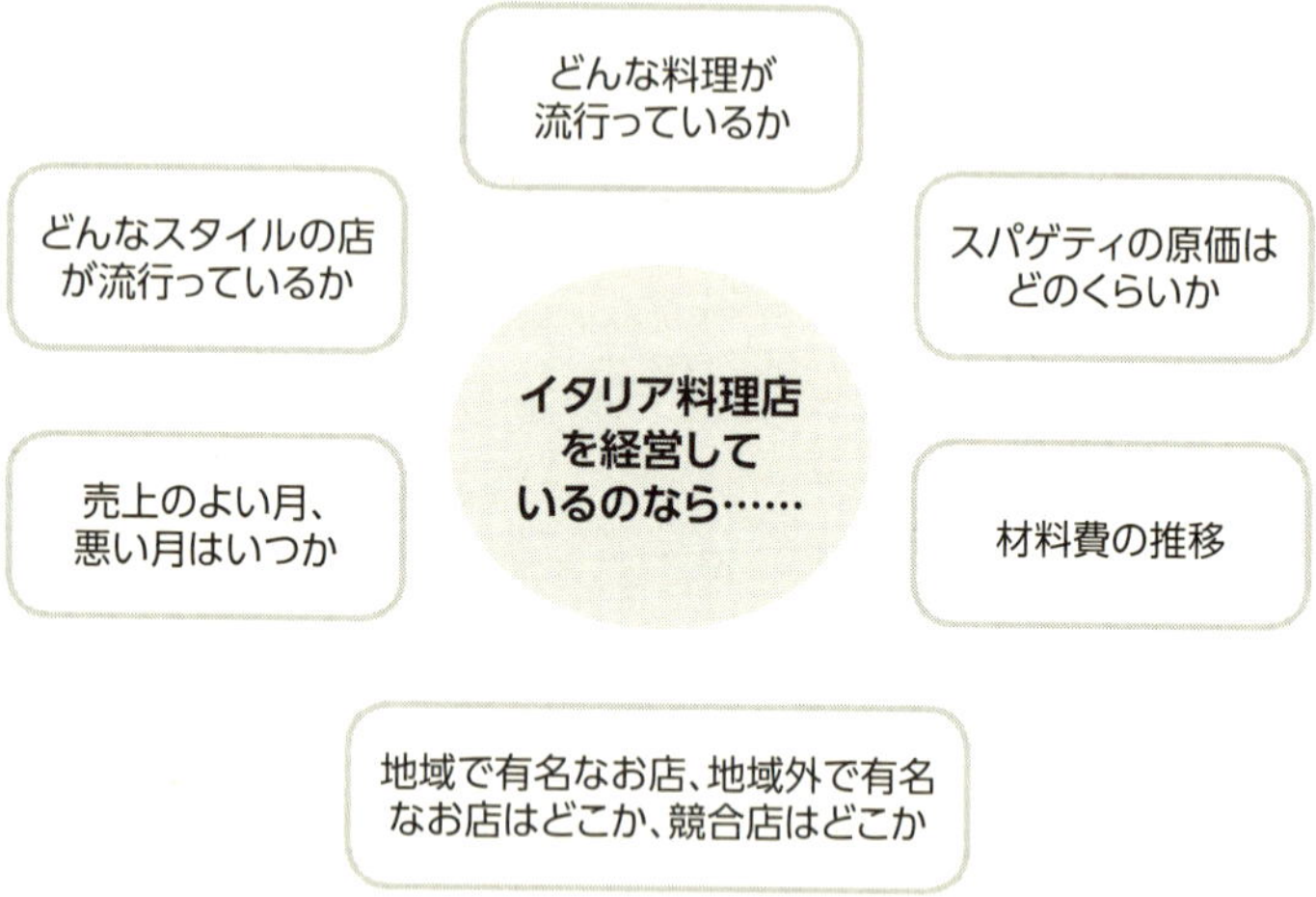
イタリア料理店を経営しているのなら……
どんな料理が流行っているか
スパゲティの原価はどのくらいか
材料費の推移
地域で有名なお店、地域外で有名なお店はどこか、競合店はどこか
売上のよい月、悪い月はいつか
どんなスタイルの店が流行っているか

あなたの事業の業界情報を知ってもらうということは、自分の事業を知ってもらうことと同じことです。その業界の詳細がわからなければ、担当者はあなたの事業の強みを審査書類に書くことができません。

当然のことですが、**自分の事業の業界を熟知していることによって、勉強熱心で事業意欲が旺盛であるという印象を与えることもできます。**事業に対するあなたの「熱さ」を担当者が感じると、担当者も何とかしようと、よりいっそうの力を発揮してくれます。

「伝え聞いたことを、単に書類に落とし込む作業」でつくられた審査書類では、さまざまな審査者を説得できるわけはありません。

仕入先、販売先、入金サイトなどの詳細を伝える

事業における**お金の流れを説明すること**も欠かせません。あなたの仕事では

・お金がどこへ出ていくか
・どこから入ってくるか
・どのくらいの周期でお金が入ってくるのか

を担当者に伝えておく必要があります。お金を通して、自分の事業を詳細に説明することにもつながります。自分の事業が「どういうところから物や材料を仕入れて」「どのような顧客に販売するか」を詳細に説明します。

たとえば、金属部品を製造する事業であれば、材料である金属の仕入先、金属を加工する機械のメンテナンスに使用するものの仕入先、そして、その支払いサイトを説明します。次いで、今度はその金属部品の販売先をすべてピックアップし、販売先ごとの入金サイト、また支払い条件を説明します。仕入先、販売先がどのような事業をしているかも合わせて説明するとよいでしょう。

金融機関は、とにかく**お金の流れに矛盾がないかをチェックします**ので、聞かれる前に伝えるほうが好印象を与えるものです。

支払いサイトとは、物を購入したり、外注を頼んだりしたときに、月の締日から、実際に支払う日までの日数のことです。毎月、末日を締日とし、支払日が翌月の末日だとしたら、その支払いサイトは30日（1ヵ月）となります。

入金サイトとはその逆で、自分の事業が商品を販売した時に、月の締日から、実際に販売先からお金が入金されるまでの日数のことです。毎月、末日を締日とし、入金になる日が翌月の末日だとしたら、その入金サイトは30日（1ヵ月）となります。

これらのことは、口頭では伝わりづらいので、表などにして提出することをおすすめします。エクセルなどを使って簡単に作成できますので、左のような表を提出しながら説明するといいでしょう。

仕入先

支払い先名			
支払い先事業内容			
締　日			
支払い日			
支払いサイト			
支払い金額　○月			
支払い金額　△月			
支払い金額　□月			

※支払金額は直近3ヵ月を記入

販売先

入金月			
販売先名			
販売先事業内容			
締　日			
入金日			
入金サイト			
支払い金額　○月			
支払い金額　△月			
支払い金額　□月			

※入金金額は直近3ヵ月を記入

どのように返済していくかを伝える——返済が可能な具体的理由と計画

何度も言いますが、金融機関は、返済が見込める先にしかお金を貸しません。「絶対に返します！」という言葉だけでは、何の信用にもなりません。

意気込み、約束、決意は確かに大切ですが、その**返済計画に具体性がなければ、何の説得材料にもなりません。**

重要なのは、金融機関に「あなたに返済する能力がある」と判断させることです。そのためには、数値的に具体性のある返済計画を説明する必要があるのです。

借入金の返済方法については、運転資金と設備資金でその返済原資は異なるので、ここでは運転資金、設備資金それぞれの返済計画の作成方法についてご説明します。

運転資金の返済1
支払い予定表の作成

運転資金の返済原資は、月々の売上金になります。その売上金で「月のすべての支出の金額」と「月々の返済金額」をまかなうことができるかを、金融機関は確認します。

まずは、1ヵ月単位での支払いの予定表を作成します。

これは、通常に事業を営むうえでも非常に有用なものなので、借入の予定がなくても作成することをおすすめします。

この表は、数値が確定しているのであればなおよいのですが、まずは過去の数値から算出した平均的なシミュレーションでかまいません。

まずは、事業にかかるすべての支出を書き出します。そして、その支出について、過去の数値をもとに、金額をあてはめていきます。その合計金額が、あなたの事業における1ヵ月の支払い予定金額となります（80ページ支払い予定表①）。

ここまでの作成でもかまいませんが、さらに支払い日を掲載することをおすすめします。なぜなら、1ヵ月の間でいつお金が必要になるかを把握することができるからです（81ページ支払い予定表②）。

支払い日がわかれば、より計画性を高めることができますし、支払い漏れを防ぐこともできます。また、金融機関により具体的に1ヵ月の支払いイメージを伝えることができます。

支払い予定表①　(円)

支払い品目	金　額
電気代	2,000
家　賃	50,000
材料費	200,000
外注費	50,000
給　料	100,000
電話代	1,000
水道代	3,000
ガス代	10,000
消耗品代	3,000
備品代	2,000
合　計	421,000

支払い予定表②

(円)

日付	支払い品目	金額	支払い品目	金額	支払い品目	金額	支払い品目	金額	合計金額
1日									0
2日									0
3日									0
4日									0
5日	電話代	1,000							1,000
6日									0
7日									0
8日									0
9日									0
10日									0
11日									0
12日									0
13日									0
14日									0
15日									0
16日									0
17日									0
18日									0
19日									0
20日	電気代	2,000	水道代	3,000					5,000
21日									0
22日									0
23日									0
24日									0
25日	ガス代	10,000	給料	100,000					110,000
26日									0
27日									0
28日									0
29日									0
30日	材料費	200,000	外注費	50,000	家賃	50,000	消耗品・備品	5,000	305,000
合計支払い金額									421,000

支払い予定表①を支払い日ごとに記入し、ひと目でわかるように記入する。
金融機関の提出資料だけに使用するのではなく、
月ごとの支払いが確定したら、随時、入力し、資金繰りの管理に使用するとよい。

運転資金の返済2
入金予定表の作成

次に、月々の売上が入金される予定表を作成します。支払い予定表と同様で、過去の数値をもとにした予測的なものでかまいません。この表も、通常の事業運営で非常に有用なものですので、日頃から作成しておくことをおすすめします。具体的な数値が確定したら、随時、その入金の予定を表に入力し、資金繰りの管理に役立てます。

この入金予定表は、基本的に売掛金の発生する業種でのみ作成します。

飲食店や理美容業、サロンなど日々の現金商売の業種では、決まった入金日がないので作成できませんが、そういった場合は、過去1年間の月平均売上を1ヵ月の入金予定金額として考えます。この場合、過去1年間の月ごとの売上金がわかる表や、直近3ヵ月の月ごとの売上実績、また過去データに基づく季節要因などを踏まえた、今後3ヵ月の売上予想などを添付資料として用意するとよいでしょう。

また、これとは別に、曜日ごとの売上状況などをよく説明しておくと、金融機関ではさらに事業が把握しやすくなり、審査に有利にはこびます。

■売掛金の発生する業種の場合

入金予定表 (円)

入金予定日	販売先	入金予定金額
5日	○○工業	50,000
10日	××製作所	100,000
20日	□□製作所	150,000
末日	△△工業	200,000
合　計		500,000

■現金商売の業種の場合

売上実績表 (円)

月	1月	2月	3月	4月	5月	6月
売上金	200,000	200,000	150,000	100,000	200,000	180,000
月	7月	8月	9月	10月	11月	12月
売上金	190,000	150,000	250,000	220,000	250,000	310,000
年間合計		2,400,000		1ヵ月平均		200,000

直近3ヵ月売上実績・売上予測 (円)

	直近過去3ヵ月			今後3ヵ月見込み		
月	1月	2月	3月	4月	5月	6月
売上金	200,000	200,000	150,000	100,000	200,000	180,000

曜日要因による売上変動、日付的売上変動、季節的売上変動などは、
担当者によく説明しておく

運転資金の返済3

資金繰り表で、売上から返済できることを証明する

運転資金は、毎月の売上金から返済するものです。ですから、月々の売上の入金金額で、経費の支払い、借入金の返済ができるということを説明する必要があります。

その説明をする際には、資金繰り表を用いることをおすすめします。この表も、通常の事業で非常に重要な役割をはたすので、借入の予定がないときでもぜひ作成してみてください。

資金繰り表は、前述の支払い予定表や入金予定表、売上実績表や売上予測を利用して作成します。資金繰り表を作成していれば、資金不足が生じた場合でもいち早く察知して、支払い日までになんらかの対策をとることができます。

事業とは、資金さえあれば、たとえ利益計上がなくても、存続させることが可能です。

「資金とは事業の血液である」とたとえられるのは、まさにその通りで、循環するお金さえあれば、利益が出ていなくても、事業を継続することは可能なのです。

資金繰り表

(円)

1ヵ月入金予定金額合計	経費支払金額合計	月々返済金額合計
500,000	421,000	50,000

(円)

日付	支払い品目	金額	支払い品目	金額	支払い品目	金額	支払い品目	金額	支払い品目	入金金額
1日									0	
2日									0	
3日									0	
4日									0	
5日	電話代	1,000							1,000	100,000
6日									0	
7日									0	
8日									0	
9日									0	
10日									0	
11日									0	
12日									0	
13日									0	
14日									0	
15日									0	50,000
16日									0	
17日									0	
18日									0	
19日									0	
20日	電気代	2,000	水道代	3,000	借入返済金	50,000			55,000	150,000
21日									0	
22日									0	
23日									0	
24日									0	
25日	ガス代	10,000	給料	100,000					110,000	
26日									0	
27日									0	
28日									0	
29日									0	
30日	材料費	200,000	外注費	50,000	家賃	50,000	消耗品・備品	5,000	305,000	200,000
合計支払い金額									471,000	500,000

売上入金金額>経費支払金額+返済金額

入金される売上によって、経費の支払いと借入金の返済ができる状態であることを金融機関の担当者に伝えて、返済が可能であることを説明する。

設備資金の返済
経営計画書で、利益から返済できることを証明する

設備資金の返済原資は、最終利益と減価償却費です。最終利益とは、売上からすべての経費を引いたものを指します。減価償却費とは、建物や車の年々下がる価値を数値化し、必要経費として計上する費用です。実際の出費の伴わない費用なので、その分、返済原資のひとつとして考えられます。

これらの返済原資があることを上手に伝えるのが経営計画書です。損益計算書のような形式で、過去の実績と、今後3年間の事業の利益予想を作成します。

設備資金は、その設備の導入によって売上や利益が増える資金使途ですので、経営計画書もそのような筋書きで書いていきます。

しかし、時代背景や景気動向などを考慮し、過度な計画、根拠のない計画はつくらないようにしましょう。根拠のない無謀な数字では、金融機関に説明を求められた場合に答えることができません。

大切なのは、**その計画書が、具体性のある、実現性の高い根拠があること**です。

たとえば、飲食店で売上が1・5倍になる計画をたてたとします。その根拠は「店舗を改装して宴会スペースをつくることで、宴会利用の団体客を取り込むことができるようになり、売上の増加による利益の拡大が見込まれます」といった具合にします。

製造業なら、「新規機械設備導入により、新たな商品を製造できるようになり、売上の増加による利益の拡大が見込まれます」というような理由づけをします。

経営計画書を作成する際に重要なのは、以下の点です。

①過去3年間の実績、今後3年間の計画を作成する
②根拠があり、実現性のある数字を用いる
③この設備の導入(実施)により、どのような効果が期待でき、売上増加(経費の削減)による利益の拡大がどのくらい見込まれるかを説明する
④最終利益・減価償却費より返済が可能だと説明する

単純な話ですが、新たに設備投資をする理由がないのに、新たな設備を導入する必要なんてありません。さらに、「現状より何かがよくなる」理由でなければ、まったくもって意味がありません。何のために設備をするのか、そして誰のために設備をするのか――最低限、

過去3年間の実績

(円)

年　度	2008年12月期	2009年12月期	2010年12月期
売　上	8,100,000	8,300,000	8,000,000
売上原価	2,000,000	2,050,000	2,100,000
経費（減価償却費除く）	1,200,000	1,300,000	1,380,000
減価償却費	300,000	250,000	220,000
専従者給与	2,000,000	2,000,000	2,000,000
引当金等	500,000	500,000	500,000
所得金額（最終利益）	2,100,000	2,200,000	1,800,000
設備資金返済原資	**2,400,000**	**2,450,000**	**2,020,000**

今後3年間の予想

(円)

年　度	2011年12月期	2012年12月期	2013年12月期
売　上	10,000,000	10,500,000	11,000,000
売上原価	2,600,000	2,730,000	2,860,000
経費（減価償却費除く）	1,900,000	2,045,000	2,200,000
減価償却費	600,000	580,000	550,000
専従者給与	2,000,000	2,000,000	2,000,000
引当金等	500,000	500,000	500,000
所得金額（最終利益）	2,400,000	2,645,000	2,890,000
設備資金返済原資	**3,000,000**	**3,225,000**	**3,440,000**

売上増加要因

今般の店舗改装により、30人までの宴会の受付が可能になる。それにより、個人客だけではなく、団体客も顧客対象となるので、今まで以上に、まとまった売上の増加が見込まれる。団体客の利用増加により、お店の宣伝効果も高まり、団体客から個人客としてのリピーターの増加も期待できる。宴会という商品を扱えることにより、企業や団体に向けた営業も可能になる。基本、待つだけのスタイルから、こちらからアピールできるようになるため、それによる売上の増加も見込まれる。

この二つの質問に答えられなければ、設備をする必要などないのです。お金を借りてまでする設備投資です。そこには、事業にかけるあなたの思い、考えがつまっているはずです。それを経営計画書という形で、言語化、数値化すればいいのです。経営計画とは、何もお金を借りるためにあるものではありません。本来は、お金を借りなくてもあってしかるべきものです。

よく、紙に目標を書くとそれが達成できると言いますが、これも同様のことです。この設備をして、ひと儲けしてやろう! これを、簡単なルールに従って、言葉と数字に変えたものが、あなたの事業の経営計画書なのです。

稟議書に書きやすい特徴を持っておく1
同業にない特徴を持つ

融資審査を有利に進めるためには、**自分の事業に特徴を持っておくこと**も必要です。「特徴なんて急にはつくれないし、そもそもうちには特徴がない!」と思う方もいるかもしれませんが、安心してください。どんな事業でも、やっている人が違う限り、必ずその特徴はあります。

特徴とは、「持つ」というより「見つける」というほうが適切な表現かもしれません。

金融機関では、稟議書という書類を通して、融資審査が行なわれます。当然ながら、金融機関は1日に数多くの稟議書に目を通すわけですから、あなたと同業種の稟議書も過去に何度となく見ています。

そのようななかで、光る特徴を持っていれば、金融機関の印象は格段によくなります。なぜなら、**彼らは「特徴を持っている事業は強い」ということを、知っている**からです。「強い」事業であれば、業況の見込みがよいので、返済に対する心配も少なくなるわけです。

では、どのような特徴を持つべきか、そしてどのようにして特徴を見つけるのかをご紹介いたします。

まずは同業にない特徴を持つということです。要するに、同業のなかで、あなたの事業でしかない、オンリー1の特徴です。

製造業であれば「ここでしかつくれない」、飲食店であれば「ここでしか食べられない」などのことです。これらは、世界や全国ではなく、あなたの周辺や、地域、商圏内でかまいません。

美容院なら「○○市でネイルケアもしているのは、うちだけ」、ラーメン屋さんなら「○○地域でつけ麺専門でやっているのは、うちだけ」というようなことです。自分の事業の商圏内で、同業とは違う特徴を持てばよいわけです。

自分の事業の特徴がないという方は、次のステップで見つけてください。

①自分の商圏で同業者を最低二つ探す
②その同業がしていることを箇条書きに書き出す
③②で書いたことを踏まえて、自分がしていることを書き出す
④②と③を比較して、自分の事業との違いを書き出す

この四つのことをしていると、自分の事業の特徴がわかるようになります。

なぜなら、「特徴」というものは、自分の事業の「特徴」だけを考えてもわからず、他と比較して、初めてわかるからです。

飲食店を例にあげると、「A店は値段が安い、B店は普通、自店が一番高い」など、値段について比較することができます。そこで、なんで値段が高いのかを考えます。すると、「他の店よりいい材料を使っているから」「店舗面積が広くて家賃が高いし、人件費がかかる」

などの理由が見つかります。

これらのことを「特徴」に言い換えてみます。

「いい材料を使っている」はそのまま「特徴・強み」になります。「店舗が広い」は、「他店より集客力がある」とか「ゆったりと食事ができる」など。「人」に関しては、「他店より行き届いた接客ができる」というように言い換えることができます。

「特徴」とは、同業者との違いを言い換えたことです。

融資を申込む際に、自分の事業の特徴をはっきりと金融機関に伝えましょう。金融機関にとっては、融資審査に使用する稟議書に書きやすい、非常によい材料になります。

稟議書に書きやすい特徴を持っておく2
事業が拡大、発展すると思わせる材料を持つ

金融機関の使命は、事業者や企業を支援し、発展させることです。地方の金融機関ではさらに、その発展による地域経済の活性化というものが足されます。

融資審査時に、金融機関に与えるもっともよい印象は、今後、その事業が発展、拡大して

いくと思わせることです。「この借入の申込は、返済できるだろう」と思わせることはもちろん大切ですが、「金融機関に、事業の将来性を感じさせること」はより大事なことです。金融機関がどんなことに将来性を感じるのか、いくつか例をあげてみます。

①事業そのもの

今で言うと、環境産業やシルバービジネス、農業など、誰にでも予測できる業種

②商品・サービス

今までにない商品、サービス。希少価値の高い商品、サービス。これから流行りそうな商品、サービス

③技術

新技術、特殊技術、これから必要になると予想される技術、確かで安心な技術、同業よりすぐれている技術

④立地

周囲に住宅地ができる、主要道路が通る、商業施設が増えている、学校ができる、大企業の工場ができる、駅ができる、高速のＩＣができる、世界遺産登録されるなど

⑤事業主本人

世評がよい、まじめ、勤勉、事業意欲旺盛、勉強熱心、社交性があるなど（事業者本人に

関しては、最重要項目なので後ほど詳細にふれます）

以上、五つあげてみました。この五つのどれかにあてはまるような材料を持つようにしましょう。

ただ、⑤は絶対に欠かせない項目です。ですから、①～④のどれかに当てはまるものを現状から探し出し、金融機関へのアピール材料としてください。これは融資審査のためのみならず、あなたの事業の将来のためにも、必ず役立つはずです。

提出書類から事業への真剣さを伝える

金融機関に融資を申し込む際には、必ず決算書の提出を求められます（場合によっては、金融機関に直近3年分の提出を求められます）。この書類が、金融機関に提出する最重要書類です。

個人事業主の場合、白色申告、青色申告と分かれますが、すべてのことを勘案して、**青色申告での申告をおすすめします。**そして、なおかつ複式簿記での記帳をおすすめします。

なぜなら、融資という観点でいくと、明らかに見やすいからです。

人間誰しも不透明なものや、わかりにくいものは敬遠します。お金を貸すという行為であればなおさらです。複式簿記で記帳されていれば、金融機関は非常に把握しやすいのです。これは、あなたにとっても数字の管理がしやすいというメリットがあります。単式簿記より経理作業に手間がかかるかもしれませんが、見返すときに、受け取ることのできる情報がまったく違います。事業はすべて数値化されます。その数字以外に、自分の事業の業況を把握する手段はありません。自分で業況のわからない事業など、自分が今どこにいるかわからない迷子のようなものです。そのような事業がうまくいくはずがありません。

金融機関はそんな日であなたを見ます。

ただし、自力で記帳するのは至難の業なので、会計ソフトなどを使用して記帳するか、税理士に依頼するのがいいでしょう。

1ページから4ページまでしっかりと記入し、税務署に申告した青色申告決算書の控えをそのまま提出します。

貸借対照表・減価償却費・地代家賃等・月別売上金額及び仕入金額・専従者給与内訳給料賃金の内訳等しっかり記入したものを提出します。できれば手書きより、綺麗に印字されたものがよいでしょう。

金融機関へ資料を提出する時に守るべきポイントは、以下四つです。

①きれいに

とにかく資料はきれいに提出します。今や、どんな事業でもパソコンは必須のアイテムです。ちょっとした資料でも、手書きではなく、綺麗に印字した資料を提出しましょう。

②丁寧に

ぐちゃぐちゃのしわだらけではなく、事業に対する思いを込めた、ビシッとした丁寧な資料を提出しましょう。金融機関は書類で審査することをお忘れなく。

③詳細に

金融機関はとにかくあなたの事業を知るために資料の提出を求めます。それが詳細であればあるほど、信頼関係も事業に対する理解も深くなります。

④真実を

金融機関に虚偽の情報を提出することと以上に最悪なことはありません。金融機関との取引のなかで、「信用」ほど大切なことはないのです。虚偽が発覚したら、その時点であなたに対する信用は失墜します。そして、その信用は二度と回復できるものではありません。どんな苦境でも真実を報告します。嘘をつき、それが発覚するよりははるかにましです。

金融機関とのつき合いは、事業をしている限り必ず続くものです。その場限りではなく、未来のことも考え、とにかく真実を報告します。

4章

こうすれば、お金は借りられる！
具体的な信用のつくり方、ちょっとしたコツ

＼こんなに簡単なことで、信用は築ける！／

融資を左右する二つの信用　数値的信用

融資の決定はあなたの信用で決まります。信用を具体化すると、大きく二つに分けることができます。ひとつは**数値的な信用**、二つ目は**人的信用**です。この章では、融資を左右する二つの信用について解説していきましょう。

まず、数値的信用は大きく二つの項目に分かれます。ひとつは業績の数値、二つ目は取引の数値です。

①業績の数値

業績の数値とは、要するにデータ、過去の実績です。金融機関に提出する青色申告決算書や、売上実績表、月次試算表など、特に業績を表わす資料の数値です。融資審査においては、この業績の数値をもとにして、さまざまな区分を設定します。

はっきり言ってしまうと、この業績の数値がかなりの基準に達していれば、細かな融資テクニックなど必要がありません。好業績をあげていれば、それ以上の信用はないからです。

何度もご説明しているように、融資審査は書類を通して行なわれます。事業内容をどんな言葉で語るよりも、事業活動を数値化したものを見たほうが、瞬時に理解できるわけですから、優良な財務内容や好損益状況に勝る信用はありません。このような信用があれば、金融機関サイドから融資のお願いに来ることでしょう。

その状態に達するのはかなり難しいことですが、事業の目標のひとつとして、必ず念頭においていてください。

②取引の数値

取引の数値と言うのは、融資を申込んだ金融機関と、どのくらいの取引があるのかということです。金融機関は京都のお座敷と同じように、基本的には一見さんお断りで、お客さんとの信頼関係を大切にします。預金者から預かった大切なお金を貸すわけですから、知らない人、信用のない人に貸せるわけがありません。

しかし、金融機関の担当者は、取引のあるすべての人を把握しているわけではありません。ましてや、融資係、支店長、審査をする本部の人はなおさらです。そこで、その判断基準になるのが取引の数値なのです。

取引の数値とは、具体的には次のようなものです。

・普通預金の有無　普通預金の残高
・定期性預金の有無（定期積金、定期預金の有無）　定期性預金の残高
・合計預金残高　普通預金と定期性預金の合計残高
・公共料金の引落状況（ＮＨＫ、電気、水道、電話、携帯電話、税金）
・家族の取引状況

以上のように、預金取引や決済取引がされているかを、数値的に確認します。また、いつから預金取引がはじまったのかという取引年数も、信用を表わすひとつの指標になります。

①の「業績の数値」をつくることは非常に大変で、計画通りにつくれるわけではありません。しかし、取引の数値であれば、意識的につくることができます。なぜなら、事業における日々の活動で、必然的にできてしまうことが多いからです。その方法を次項以降でご紹介します。

数値的信用1
定期積金で積立をする

定期積金とは、決まった金額を、決まった日に、決まった期間積み立てる預金商品で、お金を貯めるのにもっとも適した商品です。定期積金は自分で店頭に出向いて入金したり、集金に来てもらったり（一部金融機関のみ）、普通預金から引落できる商品です。

この商品の特性をもう一度言います。

決まった金額を、決まった日に、決まった期間、継続して積み立てる——これは、借入金の返済に非常によく似ています。借入金も、決まった金額を、決まった返済日に、決まった返済期間中、払い続けます。

この借入金と同じサイクルのことができるという点で、ひとつの信用につながります。それ以上に、**毎月、一定の金額でもお金を残していこうという姿勢が何よりも好印象を与えます。**少しでもお金を残そうという姿勢は、入ってきたものを使ってしまう姿勢の何倍もよく映ります。

お金は無理をしなければ貯まりませんし、貯まる仕組みを構築しなければ貯まりません。

定期積立は、金融機関との信用を構築するのに最適な預金商品です。ぜひ、この商品は利用してください。

金額はそれぞれの事業に合わせ、期間は最低でも3年間設けていただきたいものです。定期積金はいつでも解約できますので、いざというときの助けにもなります。また、1年に一度、必ず支払わなくてはいけない大きな出費がある場合に、その準備金として毎月積立をしておくのも有効です。

数値的信用2
まとまったお金を定期預金にする

1で説明した、定期積金の満期が来たときに、特段、何かに使用する予定がない場合は、必ず定期預金にします。

満期金の一部を使用したいときは、それ以外をすべて定期預金にしてしまいます。まとまったお金を普通預金などの流動性預金に入れてしまうと、使い途がわからないままに、お金は減っていってしまうものです。

しかし定期預金にしてしまえば、自由に引き出すことはできなくなるので、うっかり使ってしまうこともありません。使用する予定のないお金は、このようにこまめに定期預金にしてしまうのがおすすめです。

なぜなら、定期預金残高が増加すると、その分、金融機関からの信用はぐっと高まるからです。融資審査においても、この定期預金をいざというときの返済原資として見ることができます。また、融資の方法のひとつとして、この定期預金を担保に、通常より低利の融資を受けることも可能になります。定期預金の残高は、よい業績の数値に匹敵するくらいの信用力があるのです。

お金を使うなということではありませんが、備えと、信用の構築という観点で、定期預金の残高を増やしていくことは重要です。

数値的信用3
普通預金の利用

お客さんの取引金融機関の都合もあると思いますが、できるだけ融資取引のある金融機関に売上入金口座を設定します。また、経費などの支払元の口座としても同様に利用することをおすすめします。

と言うのも、融資審査に提出したさまざまな資料や説明した事柄について、普通預金の履歴で整合性がすぐとれるからです。

また、返済用口座と売上が入金される口座が同じなら、返済忘れの懸念なども少なくなり、信用が高まります。さらに、皆さんにとっても、記帳や入金確認、支払い確認の手間が省けるなどのメリットがあります。

実際の通帳の数字の動きほど、信用につながるものはありません。お金の動きがそのままそこに表われているのですから。

数値的信用4
公共料金の支払い口座とする

ここでいう公共料金とは、電気、水道、ガス、電話、携帯電話などの料金と税金です。金融機関はこれらの料金の支払いの設定をすると喜びます。

公共料金とは、日々事業を行なったり、生活をしている限り、必ず発生する支払いです。その支払いごとに入金するのは手間になるので、事業者は、公共料金の引き落としが設定されている口座を売上の入金口座にしたり、サラリーマンであれば給与振込の口座にすることが多くあります。売上や給与でお金が振込まれ、お金が集まる口座は、自然と他の支払いや引落しにも使われるようになります。こうして、利用がもっとも多い口座がある銀行が、メインバンクとなっていきます（本来、メインバンクとは、もっとも多く借入をしている銀行のことを言います）。

借入をするときも、借入をすれば当然返済をしなくてはいけませんので、返済を考えたときに、お金がいつも入金される口座から引き落としをしたいと思うのが、人の自然な心理でしょう。

公共料金の引落し口座指定は、このように、口座を活性させる効果や、借入の発生、メインバンク化までが期待できる取引なので、銀行に対し、信用を築くうえで、大切な項目となってくるのです。

数値的信用5
給与振込口座にする

もしあなたが、これから事業を開始する予定で、現在どこかの企業で働いているなら、「自分が事業をするときに、どの金融機関と取引するか」を考えて、その金融機関に給与振込を設定してみてください。そのうえで、今まで説明してきた、1～4のことを実践します。

金融機関は「一見さんお断り」です。自分が事業を始める際に借入が必要になったら、あらかじめ取引実績をつくっておいた金融機関を利用しましょう。まだ実績がないので、事業への信用はありませんが、サラリーマンとしての実績、あなた個人との取引実績は立派な信用になります。

数値的信用6
信用金庫や信用組合であれば出資を持つ

信用金庫や信用組合で融資を受けるためにはまず、会員や組合員にならなければなりません。信用金庫や信用組合は銀行とは異なり、協同組織という非営利組織です。銀行における自己資本に該当する株式に相当するのが、信用金庫や信用組合では出資金になります。

信用金庫や信用組合に対して出資金を払い込むことで、出資証券が交付され、会員となります。これは、信用金庫や信用組合では、融資を受けるための信用以前のことですから、必ず持つようにしてください。

数値的信用7
家族全員で取引する

金融機関は、過去の取引実績を「家族単位」で見ることがあります。たとえば、あなたの親がこの金融機関と取引をしていて、ある程度の預金を保有していたら、それは間接的にあなたの信用になります。親の持っているお金を拘束するというわけではありませんが、親の預金量が金融機関の知るところにあれば、「親→子供→金融機関」という返済を想像することができるからです。

そんな理由もありますが、家族全員でその金融機関に取引があるのは、単純によい印象を与えます。親や祖父母の年金受給口座が設定されていたり、家族全員の普通預金が作成されていたり、取引度合いが家族単位で深いほど、あなたの信用につながっていきます。

特に、地域金融機関には「地域経済の発展を支援する」という使命がありますから、このような家族ぐるみでの取引をしている事業者を、とりわけ支援する傾向にあるのです。

融資を左右する二つの信用　人的信用

業績の数値を向上させ、数値的な信用をつくるのは非常に難しいことです。しかし、「この人を支援したい！」と思われることは、努力しだいで誰にでもできるようになります。

ここでは、融資審査の切り札とも言える「この人を支援したいと思わせるような方法」、つまり人的信用の構築法を解説していきます。

人的信用1
資料は快く渡してあげる

これまで解説してきた通り、融資審査にはたくさんの資料の提出を求められます。作成に手間がかかるものもあれば、内情をいやらしく見られている気分がする要求もあります。気分を害してしまうような要求もあるかもしれませんが、ぐっとこらえて、気持ちよく資料を渡してあげましょう。

金融機関の担当者は、審査に必要だからこそ資料の提出を求めてくるのです。そして、その担当者も一人の人間です。文句を言われたり、怒鳴られたりして、いい気がするはずがありません。

融資申し込みに際して、あなたの代弁者である担当者をそのような気分にして、何かいいことがあるでしょうか? 何もないはずです。

誰が、文句を言う人、怒鳴る人の味方をするでしょうか?

あなたの事業を大きく左右する融資です。持ち上げる必要はありませんが、あなたの思いを託す人です。そうであれば、「よろしく頼む!」という気分で資料を快く渡してあげましょう。

担当者は、あなたの代弁者だということを忘れなければ、適切な対応ができるはずです。

人的信用2
どんぶり勘定をやめる

どんぶり勘定とは大雑把なお金の出し入れのことを言います。

そもそも、事業の目的って何でしょうか? 難しく考えず、その目的のひとつは利益をあ

げることです。利益を簡単な式で表わすと、

収入－支出＝利益

です。こんな簡単な式ですが、いい加減なお金の管理をしていると、正確な金額を把握することはできません。そして、このくらいのことを把握していなければ、借入金に対する返済計画なんてたてられるはずがないでしょう。

金勘定は商売ではないと考えている方も多いのですが、それは大きな間違いです。商売の結果を正確に知るためには、勘定が必要不可欠です。

自分の商売のお金の流れを知り、利益を知り、そのうえで返済可能な金額の借入を申し出るようでなければ、金融機関は支援してくれません。

税理士や第三者に経理業務をまかせるのはかまいませんが、最終的な数字や、お金のだいたいの流れは必ず把握しておきましょう。数字やお金にしっかりしている人だというよい印象は金融機関に必ず伝わり、「信用」が格段に増します。

人的信用3
現金・預金を毎日確認する

あるひと月の中でも、時期によって資金繰りの状態は異なります。ですから、毎日、保有している現金と預金残高を確認するようにしましょう。要するに、**毎日、いくら持っているか確認しよう**ということです。先ほどの「どんぶり勘定をやめる」にも通ずることがありますが、金融機関は「あなたのお金に対する意識」をよく見ているものです。

普通に生活するだけでも、自分の財布にいくら入っているかは、皆、把握しているはずでしょう。ましてや、事業を営むのであれば、毎日、資金の残高を確認してしかるべきです。毎日、資金の動きを見ていれば、資金が足りなくなる兆候にいち早く気づき、対応策を考えることができます。加えて、毎日、資金の残高を確認していると、1ヵ月間のお金の動き、1年間のお金の動きがよくわかるようになります。

それだけお金の流れを注視している、きちんとした対応をしているという評価は、あなたの事業、そしてあなたに対する「信用」に大きく貢献します。

毎日、預金通帳を記帳するのは面倒くさいという人には、インターネットバンキングの利用をおすすめします。残高確認はもちろんのこと、取引履歴を見ることや、振込をすることもできます。月の手数料が多少かかるのが一般的ですが、記帳の手間を省けますし、インターネットバンキングでの振込なら、振込手数料も安くなります。時間と経費を節減できるので、ぜひ利用してみてください。

人的信用4
誠意を見せる

金融機関では、貸出をしなければ利益は生まれません。ですから、金融機関に対して卑屈になったり、極端に下手に出る必要はない、と1章で申し上げましたが、「誠意」を見せることは大切なことです。では、具体的にどのような形で誠意を見せればいいのでしょうか？

具体的には、以下のような行動をとることです。

・提出書類に何かを書くときには、誠心誠意、丁寧に記入する
・書類を順序よくきれいに渡す
・審査のために依頼された書類を、できるだけ短期間で提出する
・金融機関の担当者の質問事項に、嫌がらず詳細に答える
・書類などを直接、支店に届ける
・ちょっとした金融機関のキャンペーンに協力したり、お客を紹介したりする

六つ挙げましたが、一番の誠意は、**なんとしてでも、借りたお金は返しますという心意気**でしょう。それを金融機関に伝えるのです。

単純なことですが、「誠意があると思える人」は、約束を破ったりするようには思えません。つまり、誠意がある人と思ってもらうと、「返済を滞らせる印象を抱かせにくい」のです。これも信用です。言葉にならない印象を、担当者は信用として審査書類に言葉にします。**「印象」や「勘」は目に見えない不確かなものですが、担当者に「この人は大丈夫だ!」と思わせることが、大切です。**

単純に、人から信用を得るには、最低限、何かしらの「誠意」を示さなければなりません。あなたの誠意が、担当者のあなたに対する信用を生みます。誠意ある人という、非常に抽象的な表現ですが、融資審査ではずしがたい「信用」なのです。金融機関から信用を得られるよう、誠意が伝わる行動を見せましょう。

人的信用5
夢を語る

夢を語るとは、あなたの事業の目標や、将来像を語ることです。「なんとかやっていければいい」という人より、野心があり、意欲的な人のほうが魅力的に映ります。

金融機関の使命のひとつは、事業の成長、拡大を支援することです。そして、金融機関で働く人にとって、融資などで自分の関与した取引先が成長、発展することほど、嬉しく、やりがいに感じることはありません。

自分自身の昇進、昇給はもちろん嬉しいものですが、自分の手掛けている仕事が人のためになり、地域や社会のためになっているのを実感することは、何ものにも代えがたい経験です。

ですから、担当者が奮い立つような夢を語ってください。「いつかはこうなりたいんだ！」というような、熱くて、壮大な夢を。そして、金融機関の担当者を共感させてください。

担当者はあなたの代弁者です。

あなたの熱い夢を背負った担当者が、なんとかして、あなたを支援しようと心から動いてくれるでしょう。それは担当者本人の、職業人としての使命であり、喜びです。

もうひとつ言えば、お金を貸す立場として、「現状が維持できればいい」という人より、「事業を拡大させよう」と意気込んでいる人のほうが、きっちり返済してくれそうな気がするものです。信用は目に見えないものです。結局、その人が与える印象からつくられるものです。そうであるなら、多少大げさでもいいので、夢を語り、意欲的な人物であるという印象を与えましょう。

人的信用6
地元紙と日経新聞をとる

地元の新聞は、地域に関する情報をメインに、全国の情報も掲載されているので、事業者にとっては最適な新聞です。全国的なニュースから、地域のちょっとした事件にいたるまで、話題になる記事が豊富にあります。

しかし、なんと言っても、**おくやみ欄が詳細であるということが仕事に役立ちます**。事業にかかわりのある方の弔事は、できる限りでかけたいものです。

一方、日経新聞の役割は何でしょうか？　極端に言うと、事務所などに置いておくだけでいいのです。できれば金融機関の担当者が来たときに、目に入る場所がよいでしょう。それを金融機関の担当者が見ると、あなたがかなり勉強熱心な人だと思うでしょう。

実は、個人事業主で日経新聞を読んでいる方は多くありません。私は数多くの個人事業主や中小企業を見てきましたが、日経新聞をとっているところはほとんどありませんでした。

日経新聞を読んでいる＝経済動向に興味がある＝勉強熱心

という式が勝手に成立するので、たとえ置いてあるだけだとしても、印象はよくなります。もちろん、実際に読めばなおいいでしょう。

担当者との会話で、「今日の日経にも書いてあったけど……」などと前置きをして話すのも効果的です。やはり、自ら社会情勢や経済動向に興味を持ち、注視しているという姿勢は、かなりプラスに働きます。人的信用が増すのです。

人的信用7
事務所にたくさんの本を置いておく

「日経新聞をとる」と同じような方法ですが、「本を置く」のも好印象を持たせるのに非常に効果的です。

たくさんの本があったり、難しそうな資料が置かれていたりすると、それを見た人は勝手に「勉強している」と思い込むのです。

もちろん、結果を出す人、業績のよい人は、本当に勉強、研究しています。本来は、会話や人柄などからそれが伝わればいいのですが、雰囲気でそう思わせるのもひとつの方法です。

自分の仕事に関する専門書を、担当者から見えるようなところに数多く置いたり、事業に関する専門誌などを積み重ねておきます。

本がたくさんある＝勉強熱心＝事業意欲旺盛

担当者はこのような印象を受けます。そのたくさんの本が未読であったり、普段はあまり本を読まないとしても、好印象を与えることができるのです。

ただし、これも新聞同様、本当にたくさんの本を読み、事業についての勉強をしましょう。そして、活かせることをたくさん見つけ、それを行動に移していくのです。

ただ仕事をしているだけでは、新しいものは生まれません。新しい価値などを創造するには、やはり良質の情報をインプットして、整理し、何倍ものアウトプットを心掛けるしかありません。勉強熱心＝事業意欲旺盛です。このことも、あなたを支える大きな信用となるのです。

人的信用8
よい情報も悪い情報も提供する

人間には、自分に不利になるようなこと、マイナスになるようなことを打ち明けた人を信用したくなる心理傾向があります。反対に、よいことばかり言う人を胡散くさく思ったり、疑いの目で見たりしてしまいます。

これは、金融機関にも当てはまることです。仕事をしていると、よい情報だけでなく、金融機関には教えたくないような悪い情報も抱えるものですが、いかに言いづらいことを伝えられるかで、信頼関係の質は変わってきます。

当然のことですが、信頼関係とは、お互いが信用し合わなければ生まれません。ですから、適切で正しい情報を伝えられないということは、相手を信用していないのです。非常に勇気の要ることですが、担当者を信じ、事業にとって悪い情報も提供しましょう。

そうしなければ、信頼関係は永遠に築かれません。嘘をつく、情報を隠す、よいことしか話さない――そんな人を信用する人はいません。

融資審査では、たくさんの書類を提出し、たくさんの質問に答えます。これらの書類も、情報も、はっきり言えば自己申告の情報です。信頼関係ができていなければ、金融機関は、これらの情報も信じることができません。

そもそも、金融機関の担当者は、事業にはよい情報ばかりではないということをよく知っています。ですから、よいことも悪いことも情報を提供し、金融機関に信じてもらえる関係を構築しましょう。

人的信用9 「面倒くさい」をやめる

私が金融機関の営業を担当していた頃、耳にしたなかで一番嫌な言葉が「面倒くさい」でした。

融資審査では、公的な書類を用意したり、書類に記名捺印をしたり、たくさんの書類を提出しなければなりません。そのうえ、事業について根掘り葉掘り聞かれ、質問のなかには調べないとわからないこともたくさんあるので、確かに手間がかかるのです。思わず「面倒くさい」と、担当者に言ってしまいたくなる気持ちもわかります。

しかし、それを言ったところで、相手に嫌な思いをさせるだけです。

担当者は、融資審査におけるあなたの「代弁者」であると、何度も述べてきました。ですから、どうせなら気持ちよく自分のために動いてもらうのが得策です。

お金を借りて利息を払うあなたは、お客の立場です。ですが、お金を借りられずに困るのもあなたです。下手に出すぎたり、卑屈になったりする必要はありませんが、資金調達は何よりも「自分のため」に行なっていることを忘れてはいけません。

自分のためにしていることを「面倒くさい」と言ってしまえば、誰がしてくれるのでしょうか？

自分のためにすることを「面倒くさい」と思う人のことを、事業に対し真剣で前向きだと、信用することはできるでしょうか？

利息という対価を払いますが、融資が必要なのは自分自身です。自分のために、やれることをやり、やることをやるという意識を忘れてはいけません。「面倒くさい」からは、決して信用は生まれないのです。

人的信用10
「ため口」で話せる関係を築く

事業をしている人には、魅力的な方がたくさんいます。勤め人の何倍ものリスクを背負って商売をしているので、さまざまな体験、経験をされています。人として、また職業人として生きるうえで、私は大切なことをたくさん教えていただきました。

私に対して、まるで息子や弟のような感覚で接してくれた方、後輩や同僚のように接してくれた方など、非常に親密な関係を築けた方々の顔を思い出します。

その方々は皆さん、私の至らぬ点についてはっきりと叱ってくれたり、注意してくれたりしました。また、自分にとって不利になるようなことでも、相談という形で何でも打ち明けてくれました。

その方々の共通点は、皆、信頼のこもった「ため口」で話してくれることです。馴れ合いではなく、一人の信頼できる年下の人間に対する「ため口」です。このような、「ため口」で話せる関係を構築することは非常に大切なことです。

「ため口」と表記すると、礼節のない言葉に思われるかもしれませんが、そうではありません。人間、うわべだけのつき合いでは、どうしても距離を保ってしまうので、たとえ相手が年下でも敬語を使いがちです。しかし、その相手に親しみや信頼がわくと、自然と言葉遣いが変化するのです。

金融機関はお金に関するプロフェッショナルです。そして、たくさんの事業者と取引をしているので、事業に関する成功事例も豊富に持っています。

一方、経営者は孤独な職業です。そのため、一番人には見せたくない、懐事情を知っている金融機関の担当者には、比較的、なんでも話しやすいと思います。

お金に関する悩み、事業に関する悩みを相談する一人の相手として、金融機関の担当者を見ることをおすすめします。地域の情報や、金融に関する情報を積極的に提供してくれるので、必ずやよきパートナーになるはずです。

そういった信頼関係こそ、何ものにも代えがたい「信用」のひとつになるのです。

人的信用11　まじめ・熱心・意欲的、そんな言葉がつく人になる

人的信用とはあいまいなもので、人の感覚でつくられるものです。要するに、あなたの人柄から受ける印象で、人的信用はつくられます。そこで、絶対に欲しい言葉、あてはめたいキーワードをご紹介します。

それは、まじめ、熱心、意欲的、です。

仕事に対して、まじめであり、熱心であり、意欲的であるということです。

この三つは、**融資の審査書類で必ず使用する言葉**です。

頻繁に使われる言葉ですが、同じ言葉を使っていても、担当者の感情がのる場合と、のらない場合があります。不思議なことに、それは文章や書類全体に表われるようで、審査書類を見た上席に見抜かれてしまうこともあります。

心からそのように思って書く文章と、そうでない文章は明らかな違いが出るようなのです。ですから、担当者に心より、まじめ、熱心、意欲的と思わせる人柄を身につけてください。

よい人柄を言葉で説明するのは容易ではありませんが、最終的に大きな武器となります。一朝一夕に身につけられるものではありませんが、日頃から意識することが大切です。人柄という根拠のない、感覚的なものですが、ときには数値的な信用を凌駕する「信用」になります。事業を営むうえで、ぜひ身につけたい「信用」と言えます。

人的信用12
担当者に「なんとしても貸したい」と思わせる

融資審査を左右する最大のポイントのひとつは、金融機関の担当者に「なんとしてもこの融資案件を通したい！」と思わせることです。担当者が、なんとしても支援したいという気持ちで取り組めば、難しい案件でもなんとかなってしまうことがあります。

金融機関という非常にシビアで、システマティックな組織であっても、それを構成しているのは、結局は生身の人です。どんなにクールな人でも、情に動かされないことはありません。なんとしてもこの融資案件を通そうという意気込みの担当者は、しつこいくらいに上役を説得したり、貸せる理由、貸せる材料をかき集めたりします。

すると、書類でしか判断することのできない上役や本部の審査部門は、担当者がなぜそんなにもこの案件に食い下がるのかと気にしはじめます。そして、よほど、この案件を通したい理由があるのだろうと予測します。

これが担当者自身の都合や、お客に断れないという理由であれば、審査部門はすぐに見抜くものですが、そうでなければ、担当者が見て、触れて、感じたことから、この事業者を絶対に支援したいと思い至ったということがわかります。

ここまでその思いが伝われば、なんとか、肯定的な材料を探し、融資実行まで進めてくれるでしょう。

担当者の心に火をつけるのは、事業者であるあなた自身です。

ここまでご説明してきた1~12のことを、全部とは言いませんが実践してみてください。すると、担当者があなたの絶大な代弁者となり、心強い味方になってくれるはずです。これ以上の武器はないでしょう。

地域戦略で金融機関を落とす1
取引支店とさまざまな接点を見つける

個人事業主は、地域密着型の金融機関と取引をするのがおすすめ、と何度も申し上げてきました。全国区での事業をしていないのに、都銀と取引をしたところで、メリットはありません。であれば、自分の商圏に合う地元金融機関と取引をするべきです。

まず、取引する金融機関を選んだら、事業地から一番近い支店と取引を開始します。利便性を重視するという目的もありますが、とにかく**地の利があるところ**という視点です。そして、そこで働く金融機関の支店長、従業員と、なんらかの接点がないかを調べつくすのです。

地域密着型の金融機関であれば、従業員もその地域内の人であることがほとんどですから、何かしら、誰かしら、接点がないかを考えつくします。

子供の学校が一緒だったり、中学の先輩や後輩であったり、同じ野球チームに所属しているなど、意外なことでつながることが多々あります。そういった**地域がらみの縁があると、金融機関側としてもむげにできない面があります。**知り合いから融資の申込みを受けたりすると、断るときに非常に伝えづらいものです。

正攻法とは言い難いのですが、何かしらの接点を見つけて関係を築いておくことも、地の利を生かした金融機関とのつき合い方です。

地域戦略で金融機関を落とす2
世評をあげる

金融機関は、世の中での評判、世評を審査材料に用います。ここで言う世評とは、取引支店のエリア内や、自分の事業の商圏、近所での評判を言います。

このような評判や噂は、常に金融機関に流れ込んできます。営業担当者が外回りをしていると、世間話のなかから自然と情報が集まるのです。

どんな情報が集まるかというと、「あの人はいい人だ」とか「悪い人だ」、「親切だ」とか「不親切だ」など、そういった単純なことが入ってきます。

飲食店であれば、「あそこはおいしい」とか「おいしくない」、「店がきれいだ」とか「汚い」とか、店主の愛想の良し悪し、値段の高い安いなど、かなり詳細な情報が入ってきます。

本人の耳に入ってくることはほぼないので、確かめようがないのですが、世評＝事業の評判は常に気にしておく必要があります。

世評をあげる即効的な方法というものはありませんが、事業に真剣に打ち込み、近所や周辺の人と衝突することなく、うまくやっていくことです。

金融機関は、悪い噂ほど気にします。ちょっとした噂でもきちんと確認をとり、店内で報告されることもあります。反対によい評判も、金融機関にはきちんと入ってきます。やはりそのような取引先に、金融機関は好意を持ちますので、融資等を申込んだ時、かなりのプラス材料になります。

地域内だからこそ、信憑性の高いさまざまな世評です。よい評判がたつよう心掛けて、事業を営みましょう。

地域戦略で金融機関を落とす3

意外とバカにできない近所づき合い

商圏が小規模で、特定の地域で事業を営んでいる人にとって、近所づき合いというのは非常に大切です。近所づき合いをきちんとしないと、先ほど述べた世評が確実に悪くなるからです。

自分の周りは、単なるご近所さんであるだけでなく、大切なお客様です。そのような方々とのつき合いをないがしろにすれば、誰だってよく言うことはないでしょう。最低限、次のことは守りましょう。

- 挨拶を欠かさない
- 地域の行事には必ず参加する
- 地域の人の悪口は言わない
- 買い物などはなるべく地域内を利用する

繰り返しますが、近所づき合いを通しての噂や評判は、すぐに金融機関の耳に入ります。地域密着型の金融機関は、本当に細かなエリアで訪問活動を行なっていて、日々情報収集にはげんでいるからです。

悪い評判ではなく、よい評判であれば、非常に評価が高まります。地域や近所で支持されることは事業にとって大切なことで、金融機関が支援すべき事業者にまさに該当するわけです。

事業そのものへの努力はもちろんなのですが、地域の一員として貢献できるような近所づき合いをすることを忘れないでください。

地域戦略で金融機関を落とす4
さまざまな会に所属する

多くの従業員を抱えることができない個人事業主にとっては、営業活動も自分でするべき仕事のひとつです。かと言ってやみくもに動くのは非効率ですので、さまざまな会に所属することをおすすめします。

会に所属すれば、効率的に多くの人と知り合うことができますし、逆に自分を知ってもらうこともできます。ガツガツとするわけでなく、そういう場で「何かあったらよろしく」くらいの声をかけておけば、立派な営業活動になります。あなたが飲食店を経営しているなら、その会合の会場として使用してくれるかもしれません。

ただ、本業を圧迫するほど会の活動に専念しては本末転倒なので、注意しましょう。あくまでも、積極的に人脈を広め、かつそれが効率的にできるという意識で行なわなければなりません。

社交性があるとか人脈を広めるという言葉は、非常に前向きで、事業意欲旺盛なキーワードなので、金融機関にもよい印象を与えます。本業に支障をきたさない程度に、事業につながる人脈を構築できるような、さまざまな会に参加してみてください。

地域戦略で金融機関を落とす5
会の役員を進んでやる

会の役員などをすると、本業に支障が出てしまうこともありますが、それだけのメリットもあります。

飲食店組合や理容業組合などの役員をしていることは、融資を申込む際の審査書類に書き込む大きなネタになります。

また、役員という肩書きと、一般の肩書きで会に参加するのではその効果はまったく異なり、会員に知ってもらう人数もこちらが知る人数も、格段に多くなるわけです。

また「役員」という言葉はマジックワードで、なんとなくですが、よい印象を与えることができます。

近所でも同業種の間でも、「○○さんは飲食店組合の役員だよ!」というわかりやすいフレーズで通るので、身許も保証されるわけです。不適当な人をそのようなポストにつけるわけがありませんので、人的な「信用」も増します。

仕事に加え、会の役員としての活動は大変かもしれませんが、その効果を考えると、やらない手はありません。

地域戦略で金融機関を落とす6
町内会を大切にする

町内会を大切にする、これは非常に大切なことです。なぜなら、地域金融機関は皆、町内会を大切にしているからです。ご近所づき合いを大切にすることと通ずるものがありますが、町内会というコミュニティはまた少し違ったものになります。

このコミュニティにはキーパーソンが必ず数名いて、金融機関はその方々からさまざまな情報を収集しています。要するに、その情報のなかに「あなたのよい評判」が入っていればいいわけです。

キーパーソンのところには、日々町内の情報が集まり、その情報がそこに集まった人々へ流されていきます。

事業者は一般家庭とは違って事業の屋号があり、その下に名前がくるので、「○○商店の××さん」といった感じで、否応なく目立ちます。

さらに、「事業を営んでいる人々は、必然的にその町内を支える人物である」という共通認識があるので、町内会に非協力的であると、ものすごく目立つわけです。ですから、非難のターゲットにもなりやすい存在で、事業基盤である周辺地域からネガティブな声があがっていれば、金融機関もその事業者の姿勢に対して疑いの目を向けるのは当然です。

しかし、コミュニティのルールを守り、協力し、その一員としての行動をとっていれば、地域をあげて後押ししてくれます。地域で評判がよく、まして応援されているような事業者であれば、金融機関に対する印象も抜群によくなります。

金融機関の融資審査では、実績などの数値の印象、金融機関が見て、感じた印象、そして世評とよばれる第三者から聞いた印象、それらを勘案して結論づけるわけです。

地域への貢献で世評を高め、金融機関によい印象づけをすれば、融資審査の難易度が下がっているはずです。

5章

こんな場合はどうする？ お金を借りるときに注意したい16のポイント

＼知っていれば、問題ナシ！／

運転資金はどれくらい持っておけばいい？

お金は事業の血液です。運転資金がなくなれば事業を継続することができません。皆さんは売上をあげることに注力するのと同時に、資金繰りについても考えなければなりません。

3章でもお伝えしたように、まずは、年間スケジュールで季節要因のある出費などを考慮し、先々の資金繰りの計画をたてておくことをおすすめします。そこで、資金繰りに余裕があるかどうかをチェックしておきましょう。

いまやどんな事業でも、資金繰りに余裕があるという人は少ないと思いますが、事業の元手には多少の余裕がないと、いざという時に動きがとれません。また、突然の売上低迷などに耐えることもできません。

冒頭で申し上げた通り、資金は事業にとっての血液ですから、なんとしてでも確保しておく必要があります。

では、どれくらいの額が必要かと言えば、目安としては、**月々の支払いの3ヵ月分の資金を持っておくとよい**でしょう。ここでおすすめしたいのが、借入金を利用して余裕を持っておくことです。

「借金をしてまで、余裕を持つ必要などあるのか？」と疑問に思う方もいることでしょうが、その必要があるのです。

「借金をしてまで」という言葉が出てくるのは、「今現在」しか考えていないからです。「事業が順調に推移し、今後、何事も起こらない」ことを前提とした言葉です。

未来については誰も知ることはできません。ですから今の状態が続くとは、誰も言い切れません。

急な資金難に慌てふためくのではなく、借入をしてでも運転資金に余裕を持っておくのが、事業を営むうえでは理想です。余裕があれば、資金繰りばかりに気をとられることなく、本業にも力を入れられるものです。

借入が必要か不要か、どこで判断すればいい？

では、借入自体がそもそも必要なのかどうか、それはどこで判断すればいいのでしょうか。

借入の要不要を判断するには、常日頃から、資金繰りを把握しておく必要があります。資金繰りを把握するうえで必要な考え方は、過去、現在、未来の三つに分けることです。

①過去 これは今までの資金繰りのデータです。入金状況や支払状況は、過去のデータが存在しなければ推測することができません。

②現在 現在の資金の状況です。預金がいくらあるか。使える資金がどのくらいあるかを把握しておくことです。

③未来 過去のデータを参考に、現在の資金量をあてはめ、今後の資金繰りのシミュレーションを作成します。その際、当月、来月くらいは詳細なシミュレーションを、その後10ヵ月に関しては、平均的なものを作成し、おおまかに1年くらいの資金繰りのシミュレーションをたて把握しておきます。

このようなステップで、資金繰りの状況を把握しておきます。すると、どこで資金繰りが苦しくなりそうか、どこで余裕ができそうかなど、おおまかな流れをつかむことができます。実態がわからなければ、融資が必要なのか、そもそも不必要なのかもわかりません。まずはその資金繰りを理解、把握しておくことが重要なのです。当たり前のことですが、**自分が今、お金に余裕があるのか、普通なのか、困っているのかを把握しておこう**ということなのです。

借入のベストなタイミングは？

融資が実行されるかどうかの決定権は、あくまでも金融機関にあります。そういった都合も考慮して、借り手は実際にどのようなタイミングで借入をすればいいのかをご紹介します。借入のタイミングを計るには、資金繰りを把握することが必要であると述べました。自分の状態がわからなければ、何もすることができないので、当然のことです。そこで、過去、現在、未来にわたって理解した自分の状態をもとに、資金の必要性と借入の難易度について照らし合わせていきます。

次ページの図からもわかる通り、融資の必要性が高まるほど借入は難しくなり、融資の必要性が低くなるほど、借入はやさしくなります。

ただし、資金繰りには、過去・現在・未来の軸があります。このなかでもっとも大切なのが「未来」の軸です。

事業者の資金繰りの状態	事業者の借入必要度合	金融機関の融資のしやすさ
余裕があり楽である	低い	融資しやすい
特段問題なく普通の状態	やや低い	ややしやすい
やや苦しい	やや高い	ややしにくい
苦しい	高い	しにくい
間に合わない	必要	難しい

融資の必要性が高まるほど、借入の難易度は高くなり、
融資の必要性が低くなるほど、借入難易度は低くなる

事業者の資金繰りの状態 現在		事業者の資金繰りの状態 未来

この時点での申込が一番よい

現在は資金繰りに余裕がある → 6ヵ月後は苦しくなりそう

この時点での申込が実情

特段問題なく普通の状態 → 6ヵ月後は苦しくなりそう

最低でもこの時点で打診するべき

資金繰りがやや苦しい状態 → 6ヵ月後には資金が間に合わない状態

ここから上の状態で借入をする

融資審査が非常に厳しい

資金繰りが苦しい状態 → 3ヵ月後には資金が間に合わない状態

融資審査が非常に厳しい

資金繰りが間に合わない状態 → 事業存続の危機

もし、現在の資金繰りが楽で余裕があるとしても、未来の資金繰りはどうでしょうか。未来の資金繰りについて前ページの表にあてはめて考えた際に、未来の資金繰りが現在と同様の状態であればいいのですが、3ヵ月後、半年後に資金の必要性が予想されるなら、話は別です。資金繰りに余裕のあるうちに、金融機関へ借入の相談をもちかけましょう。

金融機関は、資金繰りについての計画を持っていることを高く評価します。加えて、時間もありますので、もし融資の打診を断られたとしても、他の金融機関をあたるなどの対策をとることができます。

資金繰りが悪化するには何かしらの原因があります。

それは売上の低迷かもしれません。売上の低迷を理由に資金繰りが悪化し、当月の支払いができないから融資してくれと、金融機関に相談したとします。しかし、売上の低迷によって資金が底をついた人に、お金を貸したい金融機関があるでしょうか?

返済見込みのない先に、お金を貸したいと思う金融機関はありません。

であれば、まだ資金に余裕があって、売上の改善見込みのある人に貸したいと思うのが普通です。未来の資金繰りの危機を察知したら、すぐに借入の相談を持ちかけるべきです。**実際にお金が足りなくなったときではなく、未来に足りなくなることが予測されたとき、そのときが借入をするベストなタイミング**なのです。

消費資金の注意点は？

個人的な消費で資金が必要になることもあるでしょう。

たとえば、自宅を建てたり、車を購入したり、子供が大学に入学したりなど、たくさんのお金が必要になることがあります。そのようなときは、サラリーマンと同様に住宅ローンや自動車ローン、教育ローンを使って資金を調達します。

ここで個人事業主が覚えておかなくてはいけないことがあります。それは、**消費資金も借入のひとつである**ということです。

当たり前のことを言っていますが、意外と見落としがちなポイントです。

個人事業主は、事業での資金調達と、個人での資金調達を行なわなければなりません。しかし、借主は両方とも同じ人物です。ですから、個人としての消費資金も、借入のひとつとしてカウントされるわけです。

つまり、事業資金の申込の審査をするときに、消費資金の借入があれば、事業に関係なくても、借入のひとつとして見られてしまうということなのです。

(円)

個人事業主Aさんの与信枠　30,000,000			
個　人	借入金額	事　業	借入金額
住宅ローン	20,000,000	運転資金	3,000,000
自動車ローン	2,000,000	設備資金	2,000,000
合計(個別)	22,000,000	合　計	5,000,000
合計(借入)	27,000,000		
与信枠	30,000,000		
借入可能金額	3,000,000		

与信枠が3,000万円あっても、個人で2,200万円の借入をしているなら、その分、借入可能金額は減る

これが法人なら、「会社の借入」と「社長個人の借入」を分けることができます。しかし、個人事業主は、事業においても個人においても人格が同じなので、その資金の性格ごとに借主をわけることはできません。ですから、個人的な消費のために借入する場合も、事業に影響が出ないように配慮しなくてはいけません。

個人事業主にあてられている与信枠（お金をいくらまでなら貸せるかというある程度の枠）は、事業と個人で一体なのです。ですから、**消費資金を利用すればするほど、事業資金として借りられる枠が少なくなってしまいます。**

個人事業主は、事業資金の調達も、個人としての資金の調達も、綿密な計画のもとに実行する必要があるのです。

店舗兼・事務所兼・住宅のススメ

「個人事業主は、事業での借入と、個人としての借入は同一の与信枠で審査される」とご説明いたしました。実は、これをうまく活用する方法があります。

個人としての借入で、もっとも大きなものが住宅取得のための借入です。

また、事業としての借入で大きいのも、事務所や店舗の建設です。これをひとつの借入ですませてしまう方法があります。それは、店舗（事務所）兼住宅にしてしまうことです。

自宅を建て、また別に店舗や事務所をつくるとなると、多額の資金を要します。それを借入で調達するとなると、事業に対する与信枠を狭めてしまいます。ところが、店舗兼住宅であれば建物の単価は高くなるものの、店舗と自宅の二つを建てるよりも要する資金は少なくなります。そして、その資金を借入で調達するのであれば、要する資金が少なくなる分、与信枠の使用も減少するわけです。

住宅取得という個人としての消費であっても、店舗も併設しているなら「事業に供する支出」となり、決められた与信枠を個人と事業で上手に利用できるのです。個人と事業を切り分けることのできない個人事業主には、この方法は非常に効率的です。

ちなみにこの方法は住居だけでなく、車などにもあてはめることができます。事業と個人両方で使用できる車を購入すれば、それにかかる借入も1台分の車両代金で抑えることができます。事業と個人とで、与信枠をわけることができなければ、事業と個人の両方で使用できるものを購入する。個人事業主にとって、この考え方は非常に大切なことです。

信用がないことを自覚する

金融機関で言う「信用」とは、「返済能力」のことを指します。何度も繰り返しますが、要するに、借りたお金を返せるかどうかです。それを「継続的に確保できる収入があるかどうか」で判断しますから、金融機関にとって、公務員が信用のある最上位者になります。なぜなら、継続的な給与収入が約束されていて、しかも勤務先が国というわかりやすい安定性を持っているからです。

次が会社勤めのサラリーマンになります。これも給与という継続的な収入があるからです。ただし、サラリーマンは勤務先によってその信用状況は大きく変わります。「好業績を出し続けている優良企業に勤務している人と、倒産寸前の企業に勤務している人では、どちらが貸したお金が返ってきやすいか」を考えれば当然です。

実は、金融機関で取扱われている個人向けの消費資金には、融資対象者が限定されている商品があります。誰に限定されているかと言うと、「給与所得者」、いわゆるサラリーマンです。

会社役員や、個人事業主が融資対象者に含まれない商品があるのです。

消費資金というのは、何かを消費するために借り入れるお金です。要するに、その融資が元手になって、お金を生み出す借入ではありません。ですから、返済原資として、「安定的で継続的な収入があること」が絶対条件になるのです。

サラリーマンや公務員は、勤務先がなくならない限りは、毎月必ず給与が支給されます。一方、個人事業主や会社役員というのは、その事業の収支いかんでは、収入を確保できる保証はありません。

ですから、「継続的で安定的な収入」という面では、個人事業主にはそもそも信用がないのです。消費資金における信用は、基本的に

公務員→サラリーマン→会社役員→個人事業主

という順番になります。しかし、事業の業績しだいでは、給与所得者をはるかに凌駕する信用を得ることができます。好業績をあげ、たくさんの所得をとり、預金などの財を成せば、金融機関は個人的な消費に対する融資でも、好条件で対応してくれるでしょう。

融資実行時の注意点

次に、融資を実行する際の注意点をいくつかご説明します。

①印紙代金に注意する

融資に必要な書類が課税文書にあたる場合、契約金額に見合った印紙が必要になります。その印紙代金は融資実行時に差引かれ、残りの金額が入金されます。

印紙代金はその融資の種類、金額によって異なります。場合によってはかなり高額になることもあるので、次ページの表を参考に印紙の金額をあらかじめ把握しておいてください。

②手数料に注意する

金融機関によっては、融資を受けるときに手数料が発生します。融資取扱手数料（手形貸付、証書貸付）などが、融資実行時に差引かれます（500～2000円程度）。

また、担保提供をするときに、担保設定手数料などを徴収する金融機関もあります（4～

印紙代金

証書貸付の場合

1万円未満	非課税
1万円以上10万円以下	200円
10万円超50万円以下	400円
50万円超100万円以下	1,000円
100万円超500万円以下	2,000円
500万円超1,000万円以下	1万円
1,000万円超5,000万円以下	2万円
5,000万円超1億円以下	6万円
1億円超5億円以下	10万円
5億円超10億円以下	20万円
10億円超50億円以下	40万円
50億円超	60万円

手形貸付の場合

10万円未満	非課税
10万円以上100万円以下	200円
100万円超200万円以下	400円
200万円超300万円以下	600円
300万円超500万円以下	1,000円
500万円超1,000万円以下	2,000円
1,000万円超2,000万円以下	4,000円
2,000万円超3,000万円以下	6,000円
3,000万円超5,000万円以下	1万円
5,000万円超1億円以下	2万円
1億円超2億円以下	4万円
2億円超3億円以下	6万円
3億円超5億円以下	10万円
5億円超10億円以下	15万円
10億円超	20万円

5万円程度）。

他にも、担保設定では登記が必要になるので、司法書士などに登記を依頼する登記費用も忘れてはいけません（158ページ参照）。

「お金を借りるのにお金がかかる」のは不思議ですが、馬鹿にならない金額ですから、くれぐれもご注意ください。

連帯保証人をどう考えるか？

融資に連帯保証人はつきものです。無担保無保証の融資などは、よほど業績のよい事業者でなければ受けることはできません。できれば連帯保証人をつけることは回避したいものですが、現実的ではありません。ですから、借入の必要性が発生する前に、連帯保証人になってくれそうな人を二人は頭に浮かべておく必要があります。

ほとんどの場合は配偶者や両親があてはまると思いますが、この人たちがあなたを信用できず、保証人にならないようであれば、借入も事業もやめたほうがいいでしょう。身内でさえも、「返済できない」事業がうまくいかない」と思っているということです。金融機関も世間も信用するはずがありません。

たとえ身内といえども、あなたの熱意、事業計画、返済計画を説明し、なんとしても事業で稼ぐお金で返済するということを伝えます。

こういったことを経て融資が実行されるので、お金を借りることの重さ、事業をしていくことの重さが実感できるはずです。

もし、連帯保証人をつけるのがどうしても嫌であれば、第三者保証不要の融資を利用しましょう。

日本政策金融公庫などで、第三者保証不要の制度融資を取扱っています。その他、各都道府県、市町村で取扱う制度融資や、商工会議所等で取扱う制度融資などにも、第三者保証不要のものがあります。ご自分のお住まいの地域の制度融資を調べて、利用してみてください。

やはり、第三者保証が不要だということは、非常に気が楽になることです。

担保を要求されたら1
担保が必要な理由を素直に聞いてみる

ひと口に担保と言ってもいろいろな種類がありますが、主に担保として利用されるのは、不動産や預金です。担保とは簡単に言うと、**お金が返せなかったときに、それを処分して返済にあてるために差し出すもの**です（法的な説明は割愛いたします）。

バブル経済の崩壊によって地価や物件の価値は急落し、融資における不動産担保の重要性はかなり薄れました。これに対して、事業の実態や可能性を重視する流れが加速しました。なぜなら、不動産を担保にとっても、借入をカバーする金額で処分することはほとんどできませんし、時間もかかるからです（競売などにかかってしまえば、なおさら時間がかかります）。そんな事情もあって、今では不動産担保はあまり重視されていないのですが、いまだに、金融機関では債権保全の主な手段として扱われています。

融資の申込をして、金融機関が担保の提供を求めてきたら、まずその理由を聞いてみましょう。担保提供はできればしたくないのが本当のところです。

「担保提供がなければ、融資することはできない」とはっきり言ってきたら、多少考える時間をおき、要求に応じましょう。しかし、過剰な保全を求めてくる場合もありますので、必ず交渉はしてください。それでも、はっきりと駄目だと言い張られたら、応じることをおすすめします。

担保を要求されたら2
担保を欲しがる金融機関の本音

金融機関はなぜ担保を欲しがるのでしょうか？　それは債権を保全するため――これはあくまでも理屈です。不動産担保などは、現金化するのに時間がかかりますし、実際には評価した金額では売れないにもかかわらず、担保を欲しがるのです。

では、なぜ欲しがるのか？

本当の理由は、**融資の決済がおりやすいから**です。

最後に融資の決済を出す人は、その金融機関のトップです。先述したように、融資審査は書類を通して行なわれますから、借入の保全がされていることが書類でわかれば、融資審査が通りやすいのです。

ですから、顧客の担当者やその支店の支店長は、融資の際に担保提供を求めます。もちろん、借入の金額や保有している預金量、保証協会付融資であるとか、資産のある保証人がいるという場合は別です。

金融機関はとにかく、貸したお金を無事に回収することを考えねばなりません。事業がうまくいかなかったときに、「回収できなかった」ではすまないからです。

ですから、担保とは、事業で返済ができないときに、代わりに返済する保険なのです。

担保という、事業に代わって返済する方法があらかじめ用意されていれば、金融機関もお金が貸し出しやすいことがわかっていただけると思います。

「私は必ずお金を返します」と言うだけの人と、「返せなかったらこの土地を売って返済にあててください」と約束している人では、どちらにお金を貸すでしょうか？

金融機関は、「お金を返します」という口約束を求めているのではなく、「代わりにこの人が返します」「これを売って返します」「この預金と相殺します」という確実な約束を求めているのです。

余談ですが、金融機関というのは責任の所在が非常にわかりやすいシステムになっています。自分を通過する書類には、あらゆるものに判を押し、関わった証拠となります。**ひとつの融資が返済不能に陥れば、その融資に関わったすべての人が瞬時にわかります。**たとえ転勤で支店が変わっていたとしても、その責任からは逃れることができません。

ですから、なんとしてでも貸出金の回収方法を用意しておきたいのです。これも、金融機関が担保を欲しがる理由のひとつです。

担保を要求されたら3
抵当権と根抵当権

抵当権とは、簡単に言うと担保のことです。

たとえば、店舗の土地購入・建設のために借入をした場合は、ほぼもれなく、その土地と完成した建物に抵当権という担保をつけます。

抵当権は、店舗の土地購入・建設のための資金を貸し出した金融機関が、その債権を保全するために設定します。金融機関は借入の返済が滞ったときに、抵当権を実行して、競売を申し立てることができます。そして、その競売によって得たお金を、借入の未返済部分にあてます。

抵当権はある特定の借入を担保します。店舗建設・土地購入の資金を1000万円借りたとすると、その1000万円の借入のみを担保します。ひとつの借入ごとに設定される担保

	抵当権	根抵当権
被担保債権	特定の債権を担保	不特定の債権を担保
融資取引	一回限りの融資取引	継続的な融資取引
担保金額	設定金額	極度額まで

です。

一方、根抵当権というものは、不特定の借入を極度額の範囲内で担保します。継続的に発生する債務を一定額まで担保するための抵当権です。

たとえば、スポーツ用品店を営む個人事業主Aさんが、B信用金庫より、商品を仕入れるための資金の融資を受けるケースを考えてみましょう。

Aさんの信用状況から、借入の保全のため、店舗と土地に対して担保設定が必要になるとします。Aさんは、今回だけでなく、定期的に商品を仕入れるために資金が必要になります。そのような場合に、普通の抵当権を設定すると、追加で融資を受ける場合にはまた新たに抵当権を設定しなくてはいけません。追加融資をするたびに抵当権を設定していたのでは、手間も登記費用もかかります。

これが根抵当権の設定であれば、極度額の範囲内で、発生する借入を随時担保します。1000万円の根抵当権を設定しておけば、1000万円までなら何回でも担保します。

つまり根抵当権は、商品を仕入れる際に度々資金が必要になるなどの、継続的な融資取引に利用されます。

抵当権は1回限りの取引、根抵当権は継続的な融資取引に利用されるものと覚えておきましょう。

担保を要求されたら4
担保の設定費用に注意

担保設定には費用がかかります。数万円単位の費用が発生しますので、注意しましょう。一般的には金融機関を通じて司法書士に依頼し、抵当権を設定します。司法書士の事務所によってその費用はまちまちですが、だいたいの相場はありますので、それほど差はありません。

共通の費用としては、抵当権の設定にかかる登録免許税があります。これは、借入金額、もしくは極度金額の0・4%となっています。これに謄本代金や、調査費、報酬などが加わ

¥担保設定費用

担当権・根柢当権を設定する時にかかる費用

金融機関から司法書士に依頼するのが一般的な流れ	数万円単位での出費になるので注意が必要	金額は依頼する司法書士によって異なる
必ずかかるのが登録免許税	債権金額or極度額の1000分の4	登録免許税に、報酬、調査費、謄本代などが加わる

ります。担保設定をすると必ずかかる費用なので、急な出費で驚かぬよう頭に入れておいてください。

担保を要求されたら5
目的を忘れない

借入をするのに何かを担保に入れるのは、気持ちのいいものではありません。しかし、それを拒むことで借入ができなくなってしまうことは、事業に大きなマイナスの影響を与えます。家、土地を担保に入れて借入を行なうと、「借金のかたにとられてたまるか！」という危機感が生まれ、事業の原動力となります。

とは言え、**「家、土地を守ること＝事業の目的」ではありません。**

まず、あなたの目的があり、その手段として事業があります。そして事業の目的があり、それをかなえる手段のひとつとして借入があります。そして、その借入を可能にする手段のひとつが担保です。

「担保物件を守ること」を新たな目的のひとつに加えるのは当然ですが、それだけを目的にしてしまってはいけません。借金を返す、担保物件を守ることが、あなたの事業の目的ではないはずです。目的がズレると、その過程や結果もズレてしまいます。

あくまでも、事業の成功、発展、継続、拡大などが目的のはずです。借入は手段であり、担保は借入を可能にする手段です。借金を返し、担保物件を守るということは最低限のことであり、目的にはなり得ません。

どんな苦境でも、事業を成功させることを目的にしなくては、それを達成することはできないのです。手段と目的を履き違えないで、事業を営みましょう。

借入金を資金使途以外に使ってはいけない

3章でもお伝えしましたが、非常に大切なことなのでもう一度言います。金融機関から融資が実行されたら、絶対に資金使途だけは守らなくてはいけません。資金使途以外のことに借入金を使用すると、金融機関からの信用は著しく失墜します。「信用」がなくなると、その後の融資取引はないものと考えてください。それどころか、一括弁済をせまられるケースもあります。

資金使途を守らないことは、「対金融機関」だけでなく、「経営自体」にも悪影響を及ぼします。

たとえば、飲食店が店舗改装費用として500万円の融資を受けたとします。この場合、本当はすべての借入金を店舗改装に使用しなければなりませんが、300万円を店舗改装に、200万円を運転資金に使用したとします。

一見、「運転資金も調達できたのでいいじゃないか」と思えますが、実は違います。

運転資金にしてしまった200万円を店舗改装に使っていれば、よりよい店舗にすることができたはずです。その分、お店の強みとして集客力もついたでしょう。結果、売上や利益として事業に還元されます。

しかし、200万円を運転資金に使用してしまえば、売上や利益になることはありません。それでも、月々の返済金額は同じです。

事業に与える効果を考えると、**300万円の店舗改装を、500万円かけて行なったことと同じ**になるのです。

広告費、集客費に使用するのであれば、売上へのインパクトもあるでしょうが、基本的に運転資金は売上や利益を増やすものではありません。ですから、運転資金とした200万円は事業に効果を発揮せず、じわりじわりと消えてしまうのです。そして残るのは借金だけで

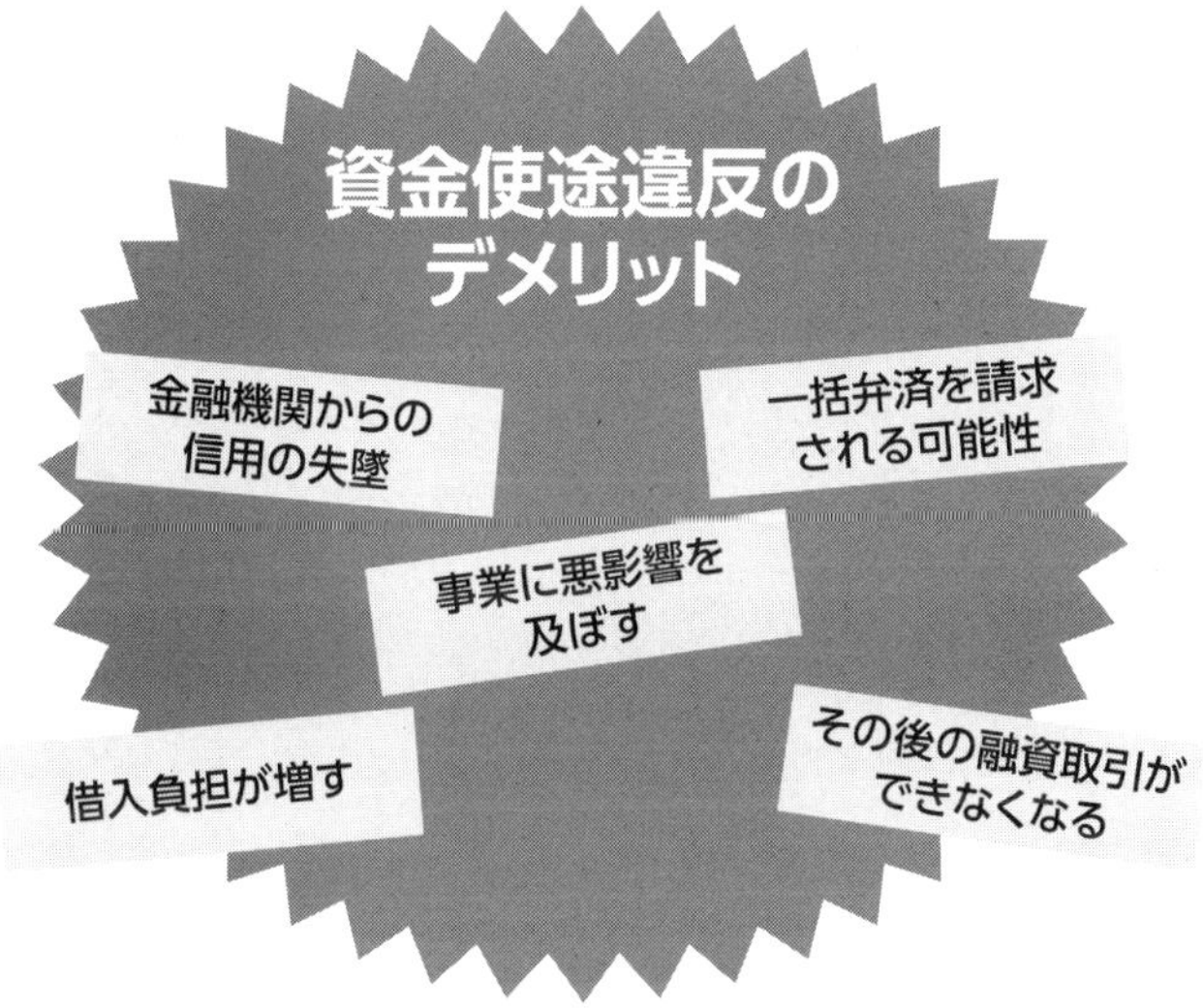
資金使途違反のデメリット
金融機関からの信用の失墜
一括弁済を請求される可能性
事業に悪影響を及ぼす
借入負担が増す
その後の融資取引ができなくなる

す。

金融機関は、このような事業に対する悪影響を考慮して、資金使途以外の使用を禁止しています。事業に悪影響を及ぼし、なおかつ金融機関からの信用がなくなるので、資金使途以外での借入金の使用は決してしてはいけません。これだけは覚えておいてください。

借金を商売の原動力にする

「商売するなら借金くらいしなければダメだ！」

私が信金で営業担当をしていたとき、こんなことを言っていた人がいました。その理由は、**商売に対して「真剣」になるから**だそうです。借金をすれば、返済する義務が生じます。するると、「なんとしても返済しなくては」という思いが生じ、是が非でも商売を成功させようとするそうです。要するに、自分を追い込むのです。

自営業というのは、誰かが監視してくれるわけではありません。さぼろうと思えばいくらでもさぼることができてしまいます。ですから、いつの間にか当たり前のことができなくなり、商売がおかしくなってしまうなんてこともよくあるそうです。

個人事業主は、月々決まった給料がもらえる身ではないので、自分で稼がなければなりません。他方で、事業者には常に、自由という強力な誘惑があります。その誘惑に打ち勝ち、ストイックに事業に打ち込める人は、それほど多く存在しません。

そのため、事業に打ち込める仕組みを自らつくり出してしまうのです。

そのひとつの手段が、金融機関からの借入です。

借金を返済する義務を負うことによって、自らの事業にプレッシャーをかけます。「借金だけはどうにか返さなければ」という意気込みで事業に打ち込むのです。そのプレッシャーが、誘惑に負けない、事業に打ち込む原動力となるでしょう。

それは必ず、あなたの事業のよい結果に結びつくはずです。

借金は悪ではない

世の中には、「金融機関からの借入は、よくないものだ」という印象があるかと思います。「借金は悪だ」と。

確かに、返済できなければそれなりのペナルティを負いますし、業況の悪いなかでの返済は、生活にも大きな支障をきたします。

しかし、だからと言って、「借金が悪か？」というと、そういうわけではありません。

借入金というのは基本的に、お金があるところから集めて、必要なところに貸し出すという仕組みです。お金のない人が、お金のあるところからお金を借りて商売をし、お金を儲けて返済します。

借入金は、お金をあるところからないところへ循環させ、そしてまたお金を生み出すという流れをつくり出しているのです。これが金融機関の主な役割であり、社会的な使命でもあります。

借入をすることで、資金繰りが楽になったり、もうひと回り大きな商売にチャレンジすることもできます。

また、借入をすることによって、自己資金だけでは到底買えないような機械を買えるようになります。そして、その機械を購入したことによって新しい製品がつくれるようになり、商売が拡大します。

借金と言うと、苦しいとか、払えないとか、マイナスのイメージが強いのですが、本来は、**すべてをプラスに変えるための機能を持っている**のです。確かに、事業の業況によっては、借金はいくらでも悪に変身します。しかし、借金の本来の機能は、できないことをできるようにするという、プラスの要素を持つものなのです。

6章

これで銀行員対策はバッチリ！
銀行員の意外な視点とその生態

とっつきにくい彼らのことを、よく知ろう！

！ 銀行は売上よりも利益を意識している

銀行員は、あなたの売上よりもまず、利益が出ているかを気にします。決算が赤字になると、銀行内での評価が一気に下がるからです。

赤字と黒字では、銀行内でのランク付けが大きく変わります。その違いは、あなたが融資を申し込んだ際の銀行の対応で実感できるでしょう。

たとえば、新規の借入に対して金利が高くなったり、担保や保証人に対する条件が厳しくなったりします。それだけでも問題ですが、もっとも恐れなくてはいけないのが、**今まで借入ができていたのに、借入ができなくなってしまうこと**です。

借入のある事業者は、「債務者区分」や「格付け」というもので、銀行内でランク付けされます。ランク付けとはいわば、「貸しやすさ」の指標です。

このランクをもとに、融資審査は進められます。つまり、ランクが高ければ審査は通りやすく、低ければ難しくなります。

この**ランクを決める最大の材料が、事業における利益**です。

こういった理由から、銀行は、売上よりも利益を意識するのです。

売上ももちろん重要な指標で、その増減も銀行は鋭くチェックします。しかし、利益が出ているか・いないかは一目瞭然のことであり、その結果しだいで、銀行の対応はガラリと変わってしまいます。

節税を考えて、あえて赤字にする人も少なくありませんが、節税というメリットが生まれる裏には、資金調達が難しくなるというデメリットが確実に発生します。

利益は事業者が何よりも注意すべきポイントです。

銀行が利益を重視する五つの理由

利益よりも、売上ばかりに目を向けてしまう方がたくさんいます。それは売上が増えれば、それに比例して利益も増えると思い込んでいる人がほとんどだからです。

自分の営む事業が「売上をあげれば確実に利益が出る」という商売なら、利益は売上に比例するでしょう。

再び利益を簡単に説明すると、次のような式になります。

収入（売上）－支出（費用）＝利益

支出より収入が多くて、はじめて利益となります。当然のごとく、支出が収入より多ければ、利益は出ません。

非常に簡単な話ですが、これを忘れてしまい、売上（収入）ばかりに目を向けてしまう方が非常に多いのです。「支出が売上より少ない」という前提がある場合に限って、売上をあげることによって、利益も得ることができます。

つまり、**常に支出のことも考えて、売上を求めよう**ということです。利益を求めるということは、支出を収入より抑えて、収入を増やすということなのです。

これをきちんと頭に入れておかなければ、知らず知らずのうちに、売上があがるほど、損をしてしまうということもあり得るのです。

売上はあくまでも「売る」というひとつの行為であって、事業全体の活動ではありません。利益は、収入（売上）と支出（費用）、要するに事業全体の活動の結果です。事業の一部分だけを見るのではなく、全体を見なくてはいけないということなのです。

利益＝事業全体の活動ということが、利益が重要である大きな理由でありますが、他にも利益が大事な理由をまとめておきます。

①利益は事業全体の活動を表わしている
②利益が出なければ資金調達が難しくなる（利益は金融機関の最大の評価ポイント）
③利益が出なければ、事業への再投資ができない（事業の成長・拡大ができない）
④利益が出なければ事業者本人の取り分がない（何のために事業をしているのか、事業の目的を果たせない）
⑤利益が出なければ、事業の継続ができない（収入より支出が多ければ、資金が底をついてしまう）

この五つを理解し、利益の重要性を認識していれば、売上だけしか気にしないような経営にはならないはずです。売上は、利益をあげるためのひとつの手段に過ぎません。

事業の成長、拡大の支援をしたいと思っている

銀行員は皆、担当するお客の成長、拡大を心から望んでいます。自分が担当し、がんばって通した融資によってお客の事業が拡大することが、一番の喜びです。特に、事業の運命を

かけるような融資案件に遭遇すると、本来の銀行員としての使命感が湧き上がってきます。勝負をかけた飲食店の新店舗の建設、移転資金などを支援して、そのお店が連日にぎわっている様子を見ると、本当に嬉しいものです。事業が成長する要因である投資の場面に、数多く立ち会えることが銀行員の喜びなのです。

今、どんなに繁盛している事業でも、信じられないくらい苦労した時期があります。そういったお客さんから、昔の担当者の話を聞くことがあります。

「今でこそこんなにお客がいるけど、あの頃は大変だった。そんなときにもかかわらず、○○さんが助けてくれたおかげで、新店舗に移転できた。あの融資がなかったら、今はありません」

といった感謝の言葉を語るのです。こんな話を聞くと、自分もそういう融資案件に立ち会ってみたい、人に本当に役立てるような融資案件を取扱ってみたいと思ったものです。

銀行員の根底には、お客様が事業成長、事業拡大するために、資金面でお手伝いしたいという思いがあります。自分が事業を育てるというおこがましい思いではなく、その成長に役立てたという実感が欲しいものなのです。

銀行員はアドバイザー

銀行員の付加価値は、その知識と情報量にあります。金融機関が提供できる商品はどこもほぼ同じなので、他行と差をつけるには「人」に付加価値をつけるしかありません。

銀行員には、求められる三つの大きな知識があります。財務・税務・法務の知識です。ただ、各分野の資格を持っているわけではありませんので、それに沿った仕事を依頼することはできません。

それでも、ちょっとした質問をしたり、アドバイスをもらったりすることはできます。あなたが自分で調べるには大変なことでも、銀行員に聞いてみるとすぐにわかることがあります。

しかも、銀行員は、誤ったことを言ってトラブルになるのを極度に嫌うので、専門家の確認のとれている確実なことしか言いません。その場で答えられなかったとしても、宿題として持ち帰り、誤りのない回答を用意して教えてくれます。

できる限り、時間とお金を本業に使いたい事業者にとって、非常によいブレーンになるの

＼具体的にこんなことに答えてくれます!／

- 財務について
- 土地に関すること
- 法律について
- 社会保険関係
- 相続について
- 法人成りについて
- 助成金について
- 都道府県の融資制度
- 振込について
- お金の相談
- 火災保険
- 投資信託
- 税金について
- 年金について
- 登記について
- 手形について
- 銀行の諸手続きについて
- ハローワークの利用
- 市町村の融資制度
- 保証協会について
- 地域の情報
- 経営計画の作成
- 生命保険
- ネットバンキング　など

です。

現在の銀行員には、中小企業診断士、社会保険労務士、FP(ファイナンシャル・プランナー)などの資格を有する人もいます。FP試験の合格が、昇進の条件になっている金融機関も少なくありません。

このように、個人の能力、知識レベルをあげ、専門的な相談、情報の提供を付加価値として、銀行は顧客の取り込み、囲い込みを行なっています。


私自身も、年金のこと、税務のこと、土地や建物の登記のことなど、金融以外のさまざまな相談や質問を受けました。そこで、完全に確実性を要するものは、本部や、契約する有資格者などに相談をし、回答をお客さんへ届けたものです。このようなやりとりが非常に重宝がられ、お客さんとよりよい関係を築くことができたのを覚えています。

つまりあなたは、銀行員個人の能力でなく、銀行組織そのものまで利用することができるのです。ある銀行と取引をしているなら、おおげさに言うと、それらの知力や情報力も利用できるわけです。ちょっとしたわからないことがあったら、ぜひ、担当の銀行員に聞いてみましょう。自分ではなかなか得ることのできない情報が、無料で手に入ると思います。

銀行員はよき相談相手

私が金融機関で働いていたとき、「経営者は孤独だ」という言葉をよく耳にしました。そして、そんな孤独を少しでも解消することが、担当営業の仕事のひとつであると教わりました。

銀行員は、懐事情という、あまり他人に知られたくないところを隅々まで理解しています。そんな相手には、いろいろなことが話せるものではないでしょうか。

言いたいことだけを言い、話を聞いてもらうだけでも、ストレスの発散になります。聞くことによって事業者との距離を縮めることができるなら、銀行員はたとえ愚痴でも話を聞きます。こういった日常のやりとりから、お客の事業についてより詳しく知ることができ、銀行員にとってはよい勉強になるからです。

相談相手としても、銀行員はバカにできません。

銀行というところは、お金が集まるところなので、本当にいろいろな会社、事業者、人が集まります。ですから、一人の営業担当者が接する企業や事業者は、実にたくさんいます。多くの事業に接することが多いので、事業の成功事例や失敗事例なども、かなり多く持っています。

銀行員のアイディアを聞く必要はありませんが、成功パターンや失敗パターンからの助言であれば、無視することはできません。

特に失敗パターンをもとにした助言は、耳が痛くても、聞き入れたほうがいい場合があります。不思議なもので、悪い事例ほど、そのパターンや感じるものが、高い確率であてはまります。銀行員の言葉をバカにせず、きちんと聞いてみるのも役立つものです。

! 両替だって届けてくれる

都市銀行や地方銀行、第二地銀ではほとんど無理だと思われますが、信金や信組などの地域密着型の金融機関では、担当者が両替を届けてくれることがあります。

特に、商店や飲食店など、お客に頻繁におつりを渡す仕事をしている方には、サービスの一環で両替を届けてくれます。都合のいいときにいつでも届けてくれるわけではありませんが、週に1~2回程度、日を決めて金額を知らせておけば、届けてくれる金融機関もあるのです。

支店の窓口まで行く時間がなかなかとれない方なら、ぜひ利用したいサービスです。

ただし、注意したいのは、硬貨やお札の枚数によっては、両替による手数料がかかってしまう場合があること。

手数料の設定方法は金融機関によって違いますので、依頼する前に調べてみてください。親切な担当者なら、手数料がかかる場合は、依頼されたときに教えてくれるでしょうが、すべての担当者がそうであるとは限りません。持ってきてもらったときに手数料を請求されるかもしれませんので、事前に調べておく必要があります。

また、「両替の届けはまったくのサービスでやっているもの」という点を忘れないようにしたいものです。これが日常化すると当たり前のように捉えてしまいますが、金融機関には一銭もお金が入りません。定例的なものになったとしても、サービスのひとつであることを忘れず、少しの感謝を持って接するのがコツです。

銀行員のノルマはこんなにある

金融機関では、定期的に預金やクレジットカードなどの獲得キャンペーンを行ない、営業担当者を中心に獲得ノルマを課されます。キャンペーンとは、具体的には次のようなものです。

定期預金獲得キャンペーン/クレジットカード作成キャンペーン/定期積金獲得キャンペーン/カードローン作成キャンペーン/年金口座獲得キャンペーン/消費者ローンキャンペーン……など。

金銭的な負担がかからないもの、また小額ですむものに関しては、キャンペーンに快く協力してあげましょう。ノルマが課されていることなので、当然、営業担当者の業績評価に反映されます。ですから、ノルマ達成のために必死です。

このような困ったときに気持ちよく協力してもらえると、銀行員の記憶には非常に強く残るものです。

私が金融機関に勤務していたときもこういったキャンペーンがたくさんあり、その都度、ノルマ達成のために非常に苦労したものです。そんなときに非常に協力的だった方のことは、今でもよく覚えています。本当にあのときは助けてもらった、よくしてもらったという感謝の記憶です。

そういった方々が困った際には、やはり「なんとかしたい、助けたい」と思い、難しい融資の案件でも、「なんとかして通そう！」と、意気込みが違ったものです。

恩を売るわけではありませんが、そういった協力が、苦しい場面を助けることになるかもしれません。できることは、協力してあげましょう。

銀行が欲しがる口座1
年金振込指定口座

銀行では、年金が入金される指定口座の獲得に力を入れています。銀行の業務は、収入を得るための融資業務が主軸ですが、貸し出すための元手である預金を集めることも重要な業務です。年金振込指定口座の獲得は、その預金を集めることにつながる、とても重要な業務

年金口座の獲得

↓

2ヵ月に一度、確実に年金が入金される。自動的に入金されるので、手間も人員もかからない。

↓

年金口座が増えれば増えるほど、自動的に入金される金額が増加する。預金を集める活動をしなくても、自動的に預金を集めることのできる仕組み。

預金を集める業務

↓

・定期預金の獲得
・定期積金の獲得

お願いして獲得するので、その活動の時間と、人員が必要。

人件費がかかる。

年金指定口座に関する主な金融機関のサービス

・年金に関する無料相談会
・年金手続きの無料代行
・誕生日プレゼントなどの提供
・旅行などの企画
・歌手、芸能人などの公演の企画
・きめ細やかな対応(集金や、各種手続き、現金届けなど、地域密着系金融機関の場合)

なのです。

なぜなら、年金は2ヵ月に一度、偶数月に指定口座へ入金されます。何もしなくても、自動的に2ヵ月に一度、預金が集まるわけです。つまり、一度、年金振込みの指定口座を獲得してしまえば、年金を受給できる間は、定期的にお金が集まってくるのです。

そして、年金の振込みのある金融機関をメインバンクとする人が多いので、積立や定期預金なども、付随してくるようになります。


こういった預金獲得のメリットがあるので、各金融機関がその振込口座の獲得を狙ってやっきになっています。そのため金融機関では、定期的に年金に関する無料相談会を実施したり、手続きの代行を無料で行なったりしてくれます。

手続きの代行に関しては、各金融機関が契約する社会保険労務士に依頼します。この依頼料は、すべて金融機関が負担してくれます。

他にも、指定口座を他行に移されないために、年一回の誕生日プレゼントの支給や旅行の企画、歌手や芸能人などを呼んで、イベントを実施したりします。

そのくらいの費用をかけても、年金振込の指定口座は欲しいものなのです。うまく、これを利用してみてください。

銀行が欲しがる口座2
給与振込指定口座

金融機関は、給与振込指定口座の獲得にもかなり力を入れています。その力の入れようは、年金振込指定口座以上かもしれません。毎年、3～4月にかけて、各金融機関がやっきになって給与振込口座の獲得合戦を繰り広げます。

金融機関にとって、給与振込口座を獲得するもっとも効果的な方法は、その給与を支払う企業や事業者に、給与振込口座を指定してもらうことです。従業員に指定してもらうのではなく、給与を支払う側で指定してしまうのです。

もしあなたが、給与振込口座としてメインバンク先の口座を指定すると、非常に感謝されるでしょう。それはアルバイトやパートの給与であっても同様です。

なぜそんなに感謝されるかと言えば、年金と同じように、給与という形で自動的に預金が集まってくるというメリットもありますが、給与が入金される口座がある銀行は、個人にとってのメインバンクになりやすいからです。個人にとってのメインバンク化がはかれると、将来的に住宅ローンや自動車ローンを使用してくれる可能性が高まります。住宅ローンや自

給与振込口座獲得のメリット

預金が自動的に集まる！

個人のメインバンク化が図れる

↓

お金が入ってくる口座に、各種支払いの自動引落を設定したいのが心理

↓

一度、そのような設定をすると、変更するのに手間がかかるので、変えたくないのが人の心理

↓

結果、入金も支払いもしている口座のある銀行が個人のメインバンクになる

↓

メインバンクとは、一番利用し慣れ親しんでいる銀行である。個人での資金調達が必要になったときに一番先に頭に浮かぶのがメインバンク!

↓

将来の、個人への融資（住宅ローン、カーローン等）へつながる！

動車ローンなどの、個人に対する融資も、銀行の収益を支える大きな業務です。

給与振込口座の獲得は、預金を集めるのと同時に、個人に対して融資を使ってもらえる可能性を高くしているのです。こういったわけで、たとえパート従業員やアルバイトでも、給与振込口座に指定してもらえると、メインバンクとなるきっかけをつかむことができるので、金融機関は非常にありがたいのです。

従業員やパート、アルバイトを雇うことになったら、ぜひ、給与振込口座をメインバンクにつくるよう指示をし、協力してあげましょう。

効果的な「喫煙所・お茶のみ場・甲子園速報」

最近ではタバコを吸う人が少なくなったので、喫煙所というより、お茶のみ場のほうがいいかもしれません。いずれにしても、「銀行の営業担当者が訪問に来たとき、タバコが吸えるくらいのリラックスした場を提供してあげましょう」ということです。

私が信用金庫で営業担当をしていたとき、このような喫煙所的な取引先や、お茶のみ場的な取引先が、必ずありました。

なかには、高校野球の季節になると、高校野球の途中経過を親切に教えてくれたり、試合を見せてくれるお店までありました。

当然ながら、そのような方とは密なコミュニケーションをとることができ、良好な関係を築いていました。私のなかで、そういった取引先は特別な取引先として、はっきりと記憶に残っています。

一日の営業活動のなかで、そういった取引先を訪問する予定があると、そこに行くことが楽しみでした。客先なので緊張しないわけではありませんが、多少は緊張感がゆるむので、飾らない本音レベルでの話ができたように思えます。相手の方も、私が来るのを楽しみにしてくれていたように思えます。

そのような、関係が非常に良好な取引先には、やはりえこひいきしたくなります。多少、業況が悪く、厳しいと思われる融資案件でも、いつも以上に力を入れてなんとか通そうとするものです。

支店の担当者が新たな担当者に引継ぎをするときには、「ここはお茶のみ場」「ここはタバコが吸える先」などの情報を伝えます。その地区を受け持った担当者の引き継ぐべき伝統として、受け継がれていくのです。つまり、金融機関では、担当者が変わっても取引先との良好な関係が維持されることを意味します。

一度こういった「お茶のみ場的な関係」ができると、その金融機関と取引がなくなるまで、良好な関係が続きます。これこそ、本当の意味での「金融機関と事業者とのつき合い」です。担当者によってつき合い方が変わるのではなく、誰が来ようが、つき合い方は変わらない、そんなつき合いです。

銀行の担当者が来たらお茶の一杯でもいれてあげて、時間があるときには無駄話をたくさんしてみてください。

「疲れただろうから、うちでは休んでいけ!」「うちでは、遠慮しないでタバコ吸っていいぞ!」「少し、休んでお茶でも飲んでいけ!」など、ウェルカムの言葉をかけてみてください。間違いなく、担当者と特別な関係が築け、それが後の担当者にも引き継がれ、その金融機関自体とのよい関係が築けるはずです。

銀行員は回遊魚

銀行員は、非常に転勤の多い職業です。同じ支店に長い間滞在すると不正の発生につながるなどの理由から、一定の期間で転勤しますが、異動を繰り返すなかで、再び同じ支店に転勤になることもあります。

「昔、自分の営業担当者だった人が、支店長になって帰ってきた」「次長になって帰ってきた」、そういったことはよくある話です。その場合、その人が営業担当者だった頃に非常によい関係を築けていたならば、プラスの材料になります。しかし、その人が担当者だった頃に横柄な態度をとっていたり、怒鳴りつけたりしていれば、マイナスの材料です。

銀行員も人間ですから、横柄な態度をとられた、怒鳴られた、理不尽なことをされたなど、嫌な思いほどよく覚えているものです。そんな記憶のある人に対して、よくしようとか、助けようという気持ちは持たないものです。

業況や資産状況がよければ困ることはないでしょうが、経営が苦しくても、力を貸してくれることはないでしょう。

反対に、営業担当者だった頃、非常によくしてもらったという記憶があれば、困っているときには何とかしようと、力を貸してくれるはずです。

銀行員は、回遊魚のようにぐるぐると支店の間を回ります。ピンチに陥った時に過去の恨みをはらされないように、常に謙虚な姿勢で接することが大切です。

なお、銀行では、過去に赴任していた支店の支店長になるケースが多くあります。もし、その支店長が担当者だった頃に、あなたが良好な関係を築けていたなら、非常に有利です。通常、支店長と仲よくなる機会は多くはありませんが、支店の最終決定者である支店長と面識があったり、なおかつよい関係ができていたりすると、担当者を越えて融資のお願いなどをすることができるからです。

営業担当者と支店長では、持っている権限がまったく異なります。今の担当者が、ゆくゆくは自分の事業を左右する人になる可能性があることを忘れずに、横柄にならず、良好な関係を構築しましょう。

支店長と仲よくなる方法

支店で一番の権限を持っている支店長は、誰もが仲よくなっておきたい存在です。しかし、通常の取引をしていては、支店長と関係を築くことのできる機会はまずありません。特に、都市銀行や地方銀行など、規模が大きい金融機関の支店長と仲よくなるのは、ほぼ不可能なことです。

ある程度の規模があって、なおかつかなりの優良企業でなければ、支店長が姿を現わすことはありません。支店長と仲よくなりたいのなら、まず、規模の小さい地域密着型の金融機関（信用金庫や信用組合）と取引をすることです。

支店長と仲よくなる方法はいくつかありますが、一番確実で強力な方法が、先に紹介した「支店長になる前から、関係ができている」ことです。しかし、これは運に左右されることなので、実践的ではありません。使えない方法では意味がありませんので、支店長と関係を持つ方法をいくつか紹介いたします。

①とにかく、支店に行ってからむ

待っていても向こうからやってくることはないので、こちらから支店に行ってしまいます。最初は、自分の営業担当者が支店にいる時間帯を狙って、「支店長に挨拶させて欲しい」と担当者にお願いし、呼び出してもらいます。

その後、支店に行くたびに、窓口から支店長に向かって挨拶をしたり、呼んでもらったりして、とにかく挨拶をし、知った顔の間柄になります。

そして徐々に、相手の迷惑にならない程度に、無理やりこちらから話しかけます。顔の知れた間柄になったら、支店を訪問して、「ちょっと相談がある」などと言い、実際に事業についての相談などしてみるのです。

このようなことを不自然ではない間隔で繰り返していけば、自然と関係は深まります。支店長といえども、店頭に来て、用事があると言う人をむげにすることはできません。ましてや、挨拶などを無視することはまずありません。

しつこい頻度では支店長も警戒しますが、月に一度や二度の間隔であれば、不自然ではないでしょう。

②無理やりつながりを探す

地域密着型の金融機関であれば、親戚、友人、事業者仲間、税理士などを介して、支店長にたどりつけることがあります。そのような縁を利用して、支店長を紹介してもらいます。「共通の知人」は関係を築くきっかけになりやすいので、利用しない手はありません。特に、共通の知人がプライベートであればあるほど、効果は強くなります。

また、支店長は支店のある地域の会に参加していることがあります。そのような会を探し出して自分も参加すれば、親交を深めるきっかけになります。地域の経営者同士が集まる会などに参加していることが多いようです。

どういった形であれ、つながりは意外に見つけ出せるものです。

銀行だって情がある

銀行は基本的には、業況や資産状況を、融資審査の軸としています。ほぼこれらで、審査が決まってしまうと言っても過言ではないでしょう。

しかし、それがすべてではありません。これですべてが決まってしまうなら、営業担当者はいりません。

事業者の人柄、事業意欲などから、将来を見込んで融資を決めることもたくさんあります。銀行には、現在の業況や資産状況だけではなく、将来の可能性を見出す「目利き力」が必要だと言われています。今は繁盛していないような店でも、のちのち、お客が大行列をなすようなお店に変わる予感を感じさせるような人、そのような事業者を探し、支援したいと思っているのです。

そのような事業者を見つける材料が、事業者の「志」です。非常に魅力ある将来像を描き、その実現に向けて努力し、行動しているような人を、銀行員は応援したくなります。そんな魅力あふれる事業者の成功に、資金面で貢献できることを、銀行員は喜びに感じています。

業況が厳しくなり、銀行から資金調達ができなければ事業を継続できない、という厳しい状況になったときこそ、それまでの銀行とのつき合い方が大いに試されます。業況が悪いのですから、融資が通りやすくなることは決してありません。むしろ、事業の継続が困難な状況です。

こういった場合に、昔から謙虚な態度をとっていたり、さまざまなキャンペーンに協力していたり、お茶のみ場のような存在になっていれば、銀行も数字だけで冷徹に判断するわけではありません。

営業担当者が、「お世話になった分、なんとか報いたい」と奮起するものです。業況や資産状況に頼れないのであれば、この担当者のがんばりにかけるしかありません。

銀行員にだって情があります。何度も繰り返しますが、よくされればよくしてあげたいと思いますし、よくされなければ、なんとも思いません。いざというときに、銀行員から助けたい、何とかしたいと思われる存在にならなくてはなりません。

そうなるためには、普段の銀行員とのやりとりを、よく考えるべきなのです。へりくだる必要などはありません。事業意欲を見せ、夢や志を語るのです。そして、横柄になることなく、たまには、銀行員が欲することに協力してあげればいいのです。ここぞとばかりに、うらみをはらされる事業者ではなく、なんとかして助けようと思われる事業者になりましょう。銀行員にだって、情があるのです。

7章

万が一の事態に備えよう
返済が苦しくなったときの対処法

＼これで負担を軽減できる！／

月々の返済負担を軽減する方法

場合によっては、ひとつの金融機関に複数の借入をしている人もいることでしょう。そんなときに使えるのは次の方法です。

たとえば、月々10万円（元金）の返済の借入が3本あるとしたら、月々の返済額は30万円です。この3本の借入の合計金額を他の金融機関で借りて返済してしまい、新たな借入の月々の返済金額を、10万円や20万円にしてしまうのです。

返済期間が延びるというデメリットはありますが、その分、月々の返済負担は軽減されます。返済負担が軽くなった分を、資金に回すことができるようになります。

この取引で注意しなければならない点がひとつあります。

今まで借りていた金融機関から他の金融機関へ変更するので、元の金融機関はおもしろくありません。ですから、「返済負担をどうしても軽減したかった」とか、「新しい金融機関が本当によくしてくれた」などの理由をきちんと用意しておきましょう。

	借入残金	月々返済元金	残りの返済期間
①	2,500,000	100,000	25回
②	1,200,000	100,000	12回
③	700,000	100,000	7回
合　計	4,400,000	300,000	

	借入残金	月々返済元金	残りの返済期間
①	4,400,000	200,000	22回

3本ある融資を1本にまとめてしまう。月々の返済元金は3本合計で30万円だが、1本の借入にすると返済元金が下がる。返済期間は平均的に長くなるが、月の返済負担が10万円軽減される。

仕事をしている限り、またいつ、その金融機関と関わりを持つかはわかりません。後腐れなくとはいきませんが、その後も良好な関係を築けるような気配りは必要です。

また、このような借換えの話を自ら持っていくのはあまり好ましくはありません。他の金融機関が新規取引のお願いなどに来た時に「返済負担を軽減できないだろうか」などとつぶやいてみましょう。

そこで、相手が借換えの話を持ってくればしめたものです。

その際、返済負担だけでなく、金利も安くならないか交渉してみましょう。新たな金融機関も、新規融資先が増えるので必死になって取組んでくれます。相手が話を持ちかけるように仕向け、なおかつ条件がよくなるよう、言えることは何でも交渉してみましょう。

もし返せなくなったら1
まずは担当者に相談する

もし、事業の業況が悪化して資金繰りの都合がつかず、月々の返済が困難になってきたら、まずは担当者に相談してください。定期的に訪問に来ていた担当者であれば、その雰囲気を察していたはずなので、ある程度の想像はできるはずです。

ここで大切なのは、**相談のタイミング**です。そのタイミングによって、検討できる対応策が変わってきます。大きく分けると三つの対応策があります。

①追加融資で対応を考える
②リスケジュールで対応を考える
③何の対応もとれない

間違いなく、「③何の対応もとれない」になってはいけないことは、想像がつくかと思います。

まず、銀行に相談する時期は、手持ちの運転資金が1ヵ月の平均売上を下回った時です。かろうじて、**あとひと月分の返済や支払いができるという状態のときに、担当者に相談を持ちかけます**。

このときの業況や借入の状況で、追加融資が可能なら追加融資で対応し、それが無理であれば、「リスケジュール」という方法で対応を考えることになります。

大切なのは、この時期にきちんと**メインバンクに相談すること**です。早まって消費者金融などに手を出し、無謀なお金の工面をしてはなりません。

正規の銀行とよばれる金融機関以外から資金調達をして、再生できる事業はほんのわずかです。早まらずに、まずはメインバンクに相談を持ちかけましょう。決してよい顔をされるわけではありませんが、破滅の道へと進むよりは、はるかにましなはずです。

個人事業主は企業に比べて事業規模が小さいので、借入がいたずらに膨らみすぎることはありません。自分の勝手な想像で、「きっとだめだろう」などと銀行の出方を決めつけないことが大切です。まずは、資金繰りの状態、業況をはっきりと説明し、いかに返済が困難であるかということを、借入先に伝えましょう。

もうひとつ、大切なポイントがあります。それは、**今後の「意志」を固めておく**ということです。

・なんとか事業を継続し、そこからの収入で返済をしていく
・自分の財産を処分して返済にあてる
・親兄弟親戚一同から援助を集め、その資金で返済する

など、いくつか方法を考えておかねばなりません。

もちろん、基本的には「事業での返済」です。金策はもちろんですが、事業の再建案も死に物狂いで考えなくてはいけません。

追加融資もリスケジュールも、資金繰りを一時的に解決するだけです。根本的な解決は、事業を立て直し、事業の継続を可能にすること以外にあり得ないのです。

もし返せなくなったら2
リスケジュールを申し入れる

資金繰りが悪化し、どの金融機関からも追加融資を断られたら、リスケジュールを申し入れます。

リスケジュールとは、返済期間や返済金額などの、返済方法に関する借入条件を変更することを言います。

具体的には、

・返済期間を延長して、月々の返済額を軽減してもらう
・1年間、利息だけの支払で、元金の返済を猶予してもらう

などの対応があります。追加融資を受けられない、毎月の返済もできないという状態になったら、担当者にリスケジュールの申し入れをするのです。

どのように申し入れをするのかというと、**ストレートにすべてを伝えます。**

なかなか切り出しづらいことですが、言わなくてはいけません。

銀行は、リスケジュールなどの案件を「後ろ向きの案件」とよびます。銀行の不利益につ

ながる仕事だからです。こういったリスケジュールも、銀行内では責任ある業務なのですが、担当者にも支店にも評価ポイントにならないので、基本的にあまり扱いたくない案件なのです。リスケジュールは、審査が厳しく、稟議作成も大変です。

にもかかわらず、銀行の業績向上につながる仕事ではないので、それが銀行内で「後ろ向きの案件」とよばれるゆえんです。皆さんがリスケジュールの申し込みをしづらいように、担当者も上席に報告しにくい案件なのです。

そんなリスケジュールを申し込むにあたって、最低限、二つ準備しておくことがあります。

①返済できない現状を伝える準備

リスケジュールを申し込むにあたって、現在の条件では返済できないことを伝えなくてはなりません。そのためには、①返済できない原因、②現在の業況、③資金繰りの予定と状況、この三つを伝えられるものの準備は必要です。

②リスケジュール後の返済計画

リスケジュールは、事業者がその後返済できるようにするために実施することです。その場の苦し紛れの緩和策として実施するものではありません。

そのため、リスケジュール後にどのように返済していくか、その計画を説明する必要があります。その計画は最低でも、①今後、事業を立て直す改善計画、②経営計画（3〜5年分の損益予定表）の二つは、具体的に説明しなくてはなりません。

リスケジュールは、新規融資と同じように、銀行内でさまざまな承認をとらなくてはいけません。そのためには、担当者も融資係も「リスケジュールをすれば、将来、返済が可能になる」ということを、上に伝えなければならないのです。

そのためには、上記の二つの事柄は最低限、よく伝えておかなくてはなりません。そして、「将来、なんとしてでも返済する」という意志を、目の前の担当者に伝えるのです。

リスケのメリット・デメリット

リスケジュールをするメリットは、返済猶予を得られ、資金繰りが楽になるということです。毎月の返済を一定期間しなくていいわけですから、その期間の返済金額分の新規融資を受けるのと同等の効果が得られます。

そういったメリットを受けることができる代わりに、それ相応のデメリットも存在することを忘れてはいけません。デメリットとは、原則、**新規融資が受けられなくなる**ということです。

今ある借入の返済ができないからリスケジュールしているわけなので、返せない人に新規融資をしないのは当然と言えば当然です。

詳細に言えば、リスケジュールをすると金融機関内での格付けが下がってしまい、新規融資を出せないランク設定になるのが一般的なのです。

それでも、なかには新規融資を出してくれる金融機関があります。しかし、そのためには最低でも、猶予された返済条件をもとに戻し、猶予された分の返済額を繰り上げて返済するなどの努力が必要になります。

理想としては、借り入れ当初の条件（通常通り返済したときの借入残高）に戻したいところです。さらに、返済猶予を受けたことによって、資金繰りが楽になり、事業の業績が上向いてきたことをアピールできなくてはなりません。

リスケジュールで受けられるメリットは非常に大きなものですが、それ相応のデメリットが生じることは覚悟しておく必要があるのです。

リスケ依頼はとにかく低姿勢に

リスケジュールを申し込む際はとにかく低姿勢で臨む必要があります。リスケは、今のままでは返済できないということを銀行に申し出るわけです。**最初に銀行と取り交わした約束、しかも借りた物を返すという根本的な約束を破るわけなので、慎重に申し入れる必要がある**のはおわかりいただけるでしょう。

こんなエピソードがあります。

とある事業者が業績不振に陥り、資金繰りが苦しくなってきました。リスケをしなくては事業の継続が困難とみて、リスケの申込にやってきました。その方は、仕事が非常にうまくいっていた時期にベンツを購入し、愛車としていました。リスケの申込をしに銀行に出かけたときも、その「ベンツ」に乗ってやってきたのです。

銀行側はどう思うでしょうか？　ベンツに乗っている人が、「お金を返せない、返済猶予をしてくれ！」と言っても、響きませんよね。

銀行サイドとしては、「今、ベンツに乗っている場合なのか」と思うのが普通です。

リスケの申込に行くときには、こういったところにも気をつける必要があります。ときには、こういう個人財産を処分することも必要になることがあります。それは自らの意思表示でもありますし、現状を認識することでもあります。

リスケの申込をするのにへりくだる必要はありませんが、当初の約束を守れない、お金を返せないことを伝えるのだということを、肝に銘じておく必要があるのです。

リスケに対して提示されそうな条件1
金利の引き上げ

リスケの申込をしたときに、銀行はリスケに応じるための条件をいくつか提示してきます。その条件には対応すべき条件と、しっかりと断るべき条件にわかれます。リスケという、圧倒的に借主が不利な立場において、どう対応すべきか指針を決めておくことが重要です。

まず、銀行は金利の引き上げを求めてきます。上げ幅は0・5〜2％くらいを想像しておくといいでしょう。

「返済が苦しいというのに、なぜ金利を上げるのだ」と憤慨する方もいますが、これには理由があります。金融庁やその銀行でのガイドラインがあると言ってしまえばそれまでですが、次のように捉えるとわかりやすいかもしれません。

リスケジュールをするということは、銀行からすると、貸したお金を返してもらえないかもしれない、リスクの高い貸出金です。銀行は、それなりのリスクを負うのであれば、相応のリターンを得る必要があります。相応のリターンがないのであれば、危険をおかしてまで、お金を貸す必要はないのです。

返済される可能性が高い貸出金と、返済される可能性が低い貸出金が、同条件であることはあり得ません。

一般の事業で、売掛金を現金ですぐに払ってくれるお客と、90日の手形を使用して払うお客と、取引条件を同じにするでしょうか?

現金で決済してくれるお客を優遇しますよね。

銀行もこれと同じで、返済見込みの高い貸出に関して金利を優遇しています。逆に、リスケをするような返済見込みが低い貸出に関しては、高めの金利設定になっているのです。つまり、リスケを申し出ると、その貸出は返済見込みが低くなるので、金利の引き上げを求められるのです。

金利の引き上げは逃れられないものと割り切り、あらかじめ応じる姿勢でいることをおすすめします。銀行側も金利を引き上げる提案はしづらいものなので、この問題を解決することで、話がかなり前進します。

ただ、金利の上げ幅については、必ず交渉してください。0・3〜0・5％くらいに抑えることを目標とするといいでしょう（銀行側は1〜2％、それ以上の上げ幅を要求してくる場合もあります）。

交渉の場で決着がつかなかったら、持ち帰って後で返事をする方法をとってもかまいませんが、気をつけなければいけないのが、**銀行側の最低限の上げ幅を感じること**です。相手が1％という数字を頑として譲らないのであれば、そこが落としどころになります。

いくら交渉しても銀行が折れないのなら、それ以下の金利では対応してくれないということです。その判断を見誤ってしまうと、リスケジュール自体に応じてくれない場合もあります。金利に対する交渉は必ずすべきですが、ある程度の負担は覚悟しなければなりません。

リスケに対して提示されそうな条件2
その他の条件

銀行は金利の引き上げの他に、「担保の追加」「保証人の追加」「定期預金の差し入れ」「定期積金の依頼」などの条件を申し出てくることもあります。基本的に、これらの条件の付加に関しては断る姿勢で臨みましょう。

しかし、即答で断るのも感じが悪いので、できるだけ低姿勢に、許しを乞うイメージで進めるべきです。金利引き上げの条件を飲むことと引き合いに、なんとかしてもらえないだろうかと頼むのもひとつの方法です。

先ほどあげた条件の中で、**特に応じるべきでないものは、「定期預金の差し入れ」「定期積金の開始」**でしょう。リスケによってキャッシュを確保するのに、そのキャッシュを銀行におさえられてしまっては意味がありません。この二つは特に避けてください。

担保に関しては、事業者であるあなたの考えによると思います。個人の資産を守ることに徹するか、意地でも事業を立て直してなんとか返済すると腹をくくるかの選択です。

追加する担保があるのなら、若干の新規融資を引き出す交渉をしたり、リスケにおいての金利の引き上げをやめてもらう依頼をしたりするのも手段です。

保証人の追加に関しては、追加する保証人がよほど余裕のある人であったり、あなたのためならとことん応援してくれる人である場合以外は、避けるべきでしょう。基本的に、人に多大な迷惑をかける可能性のあることです。保証人の追加は避けるのが妥当です。

元金0円返済を目指す

リスケを申し出たときに、具体的にどのような返済条件にするのが理想的でしょうか？

それは、元金返済が0円、つまり元金の返済自体を猶予してもらうという方法です。元金返済を一定期間しなくてすむので、これ以上楽になるリスケはありません。まずは、元金0円返済という条件で銀行と交渉します。

しかし、ここで気をつけなければならないのが、**利息の支払いだけは必ずしなくてはならない**ということです。一定期間、すべての支払いを猶予してくれるという方法はありません。利息の支払いだけは猶予を受けられないということを肝に銘じておきましょう。

また、銀行にとって、元金0円返済はできれば避けたいものです。そのため、0円返済の申し出をせずに返済猶予だけを申し出ると、銀行は「返済額を半分や3分の1にしましょう」と言ってきます。銀行が提示する条件でも返済額が軽減されるので、資金繰りは楽になるのですが、元金返済がないほうがより楽です。

資金繰りに余裕をつけ、事業を立て直すのであれば、最高の状態で臨みたいのが本音でしょう。そのためには、ダメもとでも元金返済0円を目指し、最初から交渉することが望ましいと言えます。

交渉事では、難しい条件から提示していくのがセオリーです。元金0円は難しいとしても、最初にこの条件を提示しておけば、条件を緩和していくことでリスケに応じてくれるかもしれません。こういった戦略も交渉のポイントになってきます。

リスケのパターン

リスケジュールにはいくつかのパターンがあります。代表的な事例を三つほど紹介いたします。

①融資期限の延長

融資の返済期限を延長し、月々の返済元金を軽減します。返済期限を延長するということは、返済回数が増えるということです。返済回数が増えると、一回における返済の金額が少なくなります。

②期限延長はせず、返済元金だけを変更する

一定期間、返済猶予を受けたとして、そのときの残債を単純に返済期限までの回数で割った金額を一回の返済金額とします。

③期限延長はせず、返済元金だけを変更する（軽減した分を最終回に上乗せする方法）

一定期間の返済猶予を受けたとして、猶予期間終了後、猶予前と同金額を返済元金として、最終回に猶予を受けていた返済元金を上乗せして返済する。

①融資期限の延長

借入金　12,000,000円

返済期間 4年(48回)　**返済元金** 250,000

↓

返済期間 5年(60回)　**返済元金** 200,000

返済元金　5万円の軽減!

②返済元金の変更

借入金　12,000,000円

残り返済期間 5年(60回)　**返済元金** 200,000

↓ 1年間　返済元金0円でリスケした場合

1年間返済元金　0円

25万円になる

(12,000,000÷48(4年)=250,000円)

③返済元金の変更（返済軽減分を最終回に上乗せする方法）

借入金　12,000,000円

残り返済期間　5年（60回）　**返済元金**　200,000

1年間　返済元金0円でリスケした場合

1年間返済元金　0円
残り4年間の返済元金を20万円のままにし、返済の最終回に軽減した分を上乗せする。

200,000（元金）を47回返済
最終回に1年間猶予を受けた返済元金の合計240万円を上乗せする
（最終回返済元金　200,000+2,400,000=2,600,000）

返済猶予を受けていた期間の元金が、返済の最終回に上乗せされるので、最終回の返済負担がかなり重くなります。最後に返済負担を重くするので、「テール（尻尾）ヘビー債権」などとよばれたりします。

返済の方法は他にもある

リスケジュールとは、基本的には「事業によって、返済していく方法」ですから、事業の再建が前提にあります。単純に、借入の返済ができない状況というのは、事業の継続が困難である状況とも言えます。

ここで、事業の進退を考えるというのも、ひとつの方法です。それは、事業以外から収入を得るという選択をすることかもしれません。ただ、そこで事業を辞めてしまうのなら、その借入金はどうやって返済するのかということが問題になるでしょう。

たとえば、事業者の財産を売却して返済にあてる、もしくは、親兄弟親戚縁者から借りて銀行の借入金を返済するなど、望ましくない方法ですが、できないことはありません。その後、あなたが勤め人として再出発し、身内に返済をしていったり、新たな財産を形成していったり、ということも不可能ではありません。

銀行との交渉しだいでは、勤め人としての給与からの返済でリスケジュールしてくれるかもしれません。

借入金を返済する方法は、事業からの収入だけではありません。そして、事業継続が困難な状況において、事業による返済がベストの方法であるとも限らないのです。環境によりますが、事業を退くことがよい選択であるかもしれないのです。

事業を継続することが、もっと親兄弟に迷惑をかけることになるかもしれません。事業の継続が、財産を処分することより、もっと苦しい状況を生むかもしれません。想像のつかない事業の継続より、想像のできる方法で返済をして人生を歩むことのほうが、よい結果を生むこともあります。

「事業の継続」にこだわりすぎて、再起のチャンスを失ってしまうことのないよう、どんなに追い込まれた状況でも、選択肢はあるということを忘れてはいけません。やけにならず、ひとつのことにとらわれず、冷静に選択肢を考えてみましょう。どんな状況でも、自分にとって大切なことを忘れてはいけないのです。

付録

個人・法人、どっちがトク!?
法人成りをするときに気をつけるべきこと

法人成りしないメリット・デメリット

個人事業主として事業を営んでいると、必ず、「法人成りするかどうか」という問題に直面します。法人成りするメリットはたくさんありますが、やはり慎重な判断が必要です。

銀行取引で見ると、法人化せずに個人事業主のまま事業を続けたほうがいいという場合が、意外とたくさんあるのです。

事業規模を拡大したい、もっと大きな商売がしたい！　という想いであれば、法人として事業をするのもよいことでしょう。しかし、節税など小手先のメリットだけを求める法人化ではあまり意味がありません。

なんのために法人として商売をするのか、それが明確でなければ、法人成りする意味はありません。

法人成りするにあたって一番注意すべき点は、法人化したとき、決算書はどのような状態になるかを考えることです。

法人になると、事業者の給与や家族に対する給与も費用化されます。個人事業主では費用化できなかったものが、法人では費用計上できるようになります。これらは、節税効果のある事柄としてよく紹介されています。確かに、費用額が増加する分、利益が減少するので、税金は安くなります。しかし、これらのことが、費用になることで、決算が赤字になってしまうこともあるのです。

決算が赤字になるとどうなるか？　すでにご説明したように、金融機関の対応が悪くなります。貸出条件が厳しくなったり、新規融資がおりなくなったりする可能性もあります。赤字決算とは、それほどまでに銀行の対応を瞬時に変えてしまいます。

個人事業主のまま事業を続けていれば、事業者の給与が費用化されないので、青色申告書の最終利益はその分確保されます。

たとえ少ない金額でも、黒字になっていれば、赤字決算よりも数倍、銀行の対応はよいのです。法人成りしたとたんに決算書が悪くなるというケースは、たくさんあるのです。

そのため、銀行は、法人化したいというお客さんに対し、慎重に考えるように伝えています。法事化しても、決算が黒字見込みになるようであれば、法人成りしても問題はありません。しかし、赤字決算が見込まれるのであれば、考え直すべきでしょう。**赤字の法人より、**

黒字の個人事業主のほうが、銀行は支援しやすいのです。

しかし、法人化するなということではありません。法人化した後に、黒字決算を迎えることができればいいのです。

事実、法人化することによって、得られるメリットはたくさんあります。節税というメリットもそうですが、一番のメリットは「信用力」が高まるということでしょう。官公庁や市町村役場などでは、法人でなければ、取引をしないというところもあります。一般の企業も同様です。公的な施設の利用も、法人に限るというところがたくさんあります。

個人事業主であるがゆえに、その事業規模の小ささを連想させ、取引先に不安を与えることもあります。しかし、法人であれば、ある程度の事業規模を想像してもらえるので、相手に安心感を持たせることができます。このような、「相手に与える信用」も、法人成りによって得られる大きなメリットのひとつです。

事業規模を拡大していくのであれば、必ず法人化することは必要になってくるでしょう。

法人成りするメリット

・節税効果が得られる
・信用力が増す
・事業者も社会保険に加入できる
・経費化できるものが増える
・事業承継や、売却がスムーズに行なえる

法人成りするデメリット

・赤字決算になる可能性がある
↓
銀行の貸出条件の悪化、新規融資がおりなくなる危険性

・事業運営コストが増加する
・登記や税務申告などの手続きの増加

法人成りを期に、赤字決算になってしまうことがある

↓

金融機関内での債務者区分、格付け、評価の悪化

↓

融資審査の厳格化、融資条件の悪化、追加融資を受けられなくなる恐れ

法人成り後の綿密なシミュレーションと、金融機関への相談が必須！

法人成りの前に金融機関に相談する

法人成りを考えるのであれば、まずは金融機関に相談してみましょう。

前項で、法人成りをした瞬間に銀行の対応が変わってしまうということをお話ししました。そのようにならないためにも、直接、銀行に、「法人成りしたいのですが、どう思いますか？」と率直な意見を聞くことをおすすめします。そのときの銀行の反応を見て、法人成りをするタイミングを見計らうのもよいでしょう。

銀行に借入がある場合は、必ず銀行に相談しなくてはいけません。なぜなら、今まで個人名義であった借入を、法人名義にしなくてはいけないからです。

今までは、個人として事業を営み、事業で必要なお金は個人で借入をしていました。しかし法人になると、事業を行なうのはその法人なので、事業で必要なお金は法人名義で借入をしなくてはいけなくなります。同様に、今まで個人事業主として事業を営むために借り入れていた資金も、法人名義に変更しなくてはなりません。これを**債務引受**と言います。

たとえば、個人事業主である山田太郎さんが経営する山田商店は、今まで個人事業主としての経営でしたが、株式会社山田商店という形で法人成りすると、法人としての経営に変わります。

すると、今まで山田太郎さん名義で借りていた事業のための借入金は、株式会社山田商店の名義に変更しなくてはいけないということなのです。法人成りをすると、この債務引受を必ず実施しなくてはなりません。

債務引受は非常に複雑な手続きですから、できるだけ早く、金融機関に相談しておく必要があるのです。

法人への債務引受の方法

個人から法人へ債務引受を実施するのは、難しいことです。法人を設立すれば簡単にできるというものではありません。

融資というものは、そのときの経営状況、返済能力を考慮して貸し出されるものです。金融機関は、担保や保証人など、さまざまな条件を設定し、融資を実行したはずです。

重畳的債務引受

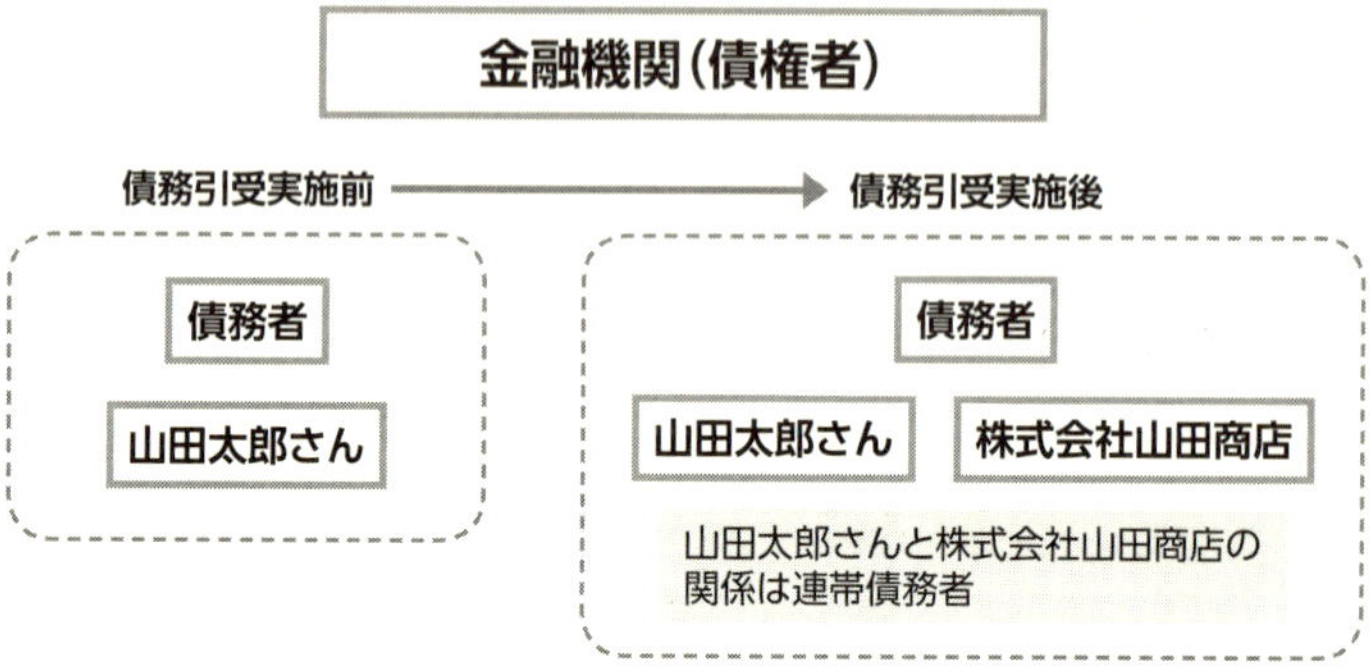

山田太郎さんを連帯債務者として、株式会社山田商店に債務を引き継がせる。実質借入の返済は、株式会社山田商店が行なうが、いざという時、債権者である金融機関は、連帯債務者である山田太郎さんにも返済を請求できる

そのため、法人成りにともなう法人への債務引受を行なう際にも、融資貸出時と同様の担保や保証人などの条件が確保できなければ、法人へ借入を移動させることはできません。

まず、この条件について銀行と詳細にすり合わせる必要があります。そして、そのすり合わせの過程で、どのように債務引受を実行するかが決まってきます。

個人から法人へ借入を移動させる方法は、大きく分けると二つあり、どちらの方法を採用するかというのも、金融機関との交渉やすり合わせの結果に応じて決ります。

①重畳的債務引受

現債務者である個人事業主と、債務を引き継ぐ法人が、連帯債務者の関係になる債務引受方

免責的債務引受

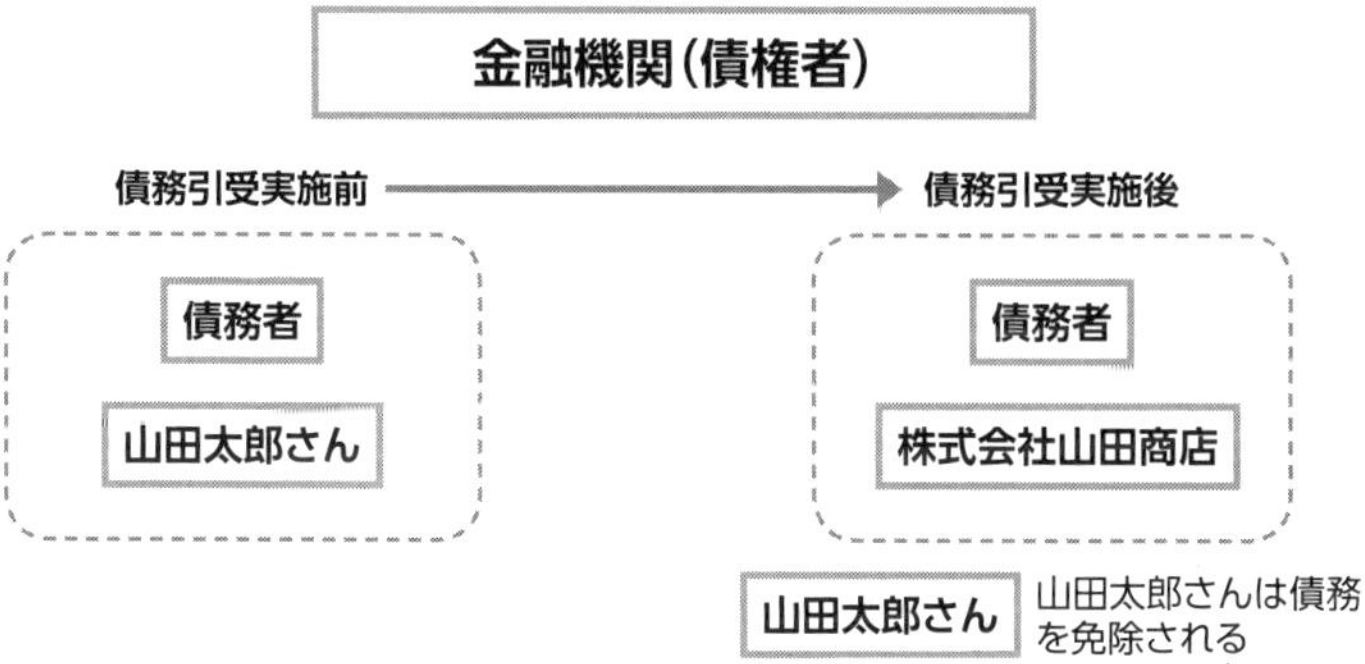

山田太郎さんは、債務（借入）を株式会社山田商店に引き継がせることにより、債務が免除される（借入がなくなる）。株式会社山田商店だけでの借入となる

法を重畳的債務引受といいます。かなり専門的な言葉になってしまうので簡単に説明します。

個人事業主である山田太郎さんの借入を、新たに設立した法人株式会社山田商店に移動させる場合としたら、山田太郎さんも債務者のまま、株式会社山田太郎商店に債務を引き継がせます。このときの山田太郎さんと株式会社山田商店の関係を連帯債務者と言います。債権者（金融機関）は従来の債務者（山田太郎さん）、引受者（株式会社山田商店）のどちらにも債権を有していることになり、従来の債務者（山田太郎さん）の債務は免除されないということになります。実際に返済をするのは株式会社山田商店ですが、法的な関係では山田太郎さんは債務者のままなのです。金融機関としては、個人と会社を借入相手と見ることができるので、法人

成り の際は主にこの方法が採用されます。

②免責的債務引受

現債務者である個人事業主が、設立した法人に債務を引き渡すことで、債務を免除され、法人だけが債務者となる方法を免責的債務引受と言います。

個人事業主である山田太郎さんが、株式会社山田商店へ借入を移すことによって、山田太郎さんが債権者（金融機関）より債務（借入金）を免除され、株式会社山田商店のみが債務者となる方法です。

基本的にこの方法は、株式会社山田商店によほどの信用力がなければ採用されることはありません。もし採用されることがあっても、法人の借入に関しては、その代表者が連帯保証人になるケースがほとんどです。個人事業主であろうと、法人であろうと、事業を営む本人が責任を持つことに変わりはありません。

債務引受を実施するにあたって

債務引受は非常に専門的で複雑なことです。法律に詳しい専門家でなければ、その詳細まで把握することはできません。

金融機関はよく理解しているため、そのペースで進めようとしますので、債務引受を機に、さらに金融機関に都合のよい条件にされてしまうケースに気をつけなければなりません。このの経緯をきちんと把握できるように、会社設立時にお世話になった法律の専門家や、コンサルタントに相談することもひとつの手段です。

金融機関の要望を受け入れながら、すべてに従わない微妙な駆け引きが必要になるので、専門家の知恵を借りながら進めることをおすすめします。

おわりに　成長のストーリーを銀行と共有する

事業とお金——これは事業が続く限り、切り離すことのできない縁です。

そのお金と一番縁のある銀行もまた、事業を続けていく限り、何かしらの関係を持ち続けます。

事業を拡大していくには、その分、お金も必要になります。まれに、銀行の援助なく事業を拡大していくような人もいますが、ほとんどの人は銀行から資金を調達して、事業を拡大していくわけです。

「あのとき、銀行が支援してくれたから、事業を拡大することができた」

そんな転機を銀行とたくさん共有し、事業は成長していくものだと思います。

銀行員も、「あのときの支援が、事業の成長に貢献できた！」という仕事をすることが、仕事のやりがいなのです。

銀行員は、事業を成長させるための活きた融資を出す、事業者は、その融資で事業を成長させる——そんな資金面でのパートナーシップが、事業者と銀行の間では理想的です。

個人事業主とは、事業の一番初めの小さい形態、いわば事業のスタート地点です。そのまま個人事業主として事業をしていく人もいれば、法人化してどんどん事業を拡大していく人もいます。

いずれにしても、事業と切っても切れない「お金」という部分で、事業の成長のストーリーを銀行と共有するのです。銀行も、事業の成長を見るのは、感慨深いものがあります。まさにその成長を、共有しているためなのです。

銀行と上手につき合うということは、事業経営を成功させるためのひとつの手段です。これまで紹介してきた「銀行とのつき合い方」のすべては、経営に活かして、はじめて意味のあるものです。極端に言えば、銀行の支援なく、事業がうまくいけばそれでいいのです。

「融資についての本」というと、融資を引き出すためのテクニック、資金調達のうまい方法に興味を持つ方が多いのですが、簡単に言えば、事業がうまくいっていることが融資を引き出すための最善の方法です。

個人事業主とは、事業形態で一番小さなもので、銀行の支援が受けにくいのは確かですから、おつき合いする金融機関の選定は慎重にしなくてはなりません。明らかに、相手にしてくれない銀行があるからです。

そして、融資取引とは、基本的に「信用」から成り立っているものです。簡単に「信用」といえども、銀行からしてみると、データで見えることが「信用」であったりします。本書では主に、その「信用」のつくり方について書いてきました。

たくさんの情報が氾濫するなかで、銀行取引に対する誤った情報もたくさん流れていて、それを鵜呑みにしている個人事業主の方もたくさんいます。

結論を言えば、融資を瞬時に引き出すような魔法のテクニックなど、存在しないのです。本書が、銀行取引おける正しい情報の発信源となり、少しでも誤った情報を正し、間違った判断をする個人事業主が減少することを望みます。日常の何気ない銀行との取引が、信用をつくっていたり、信用をなくしていたりしています。

これから個人事業主として起業を目指す人も、すでに事業をしている人も、意識的に実践することで、簡単に「信用」が得られることもあるのです。

信用を積み重ね、上手に銀行とつき合い、事業をどんどん成長させていってください。銀行とのつき合いは、事業を成功させるためのひとつの手段です。事業本来の目的を忘れず、手段を目的とせずに、あなたの事業がうまくいくことを願っております。

大森陽介

大森陽介（おおもり ようすけ）

高崎経済大学卒業後、北関東最大の信用金庫に入り、融資係を経て渉外（営業）担当者としてさまざまな金融商品を推進。渉外1年生の時は個人ローン獲得キャンペーンで新人賞を受賞。おもに投資信託の販売で、金額・販売件数でレコードを残す。

6年間の金融機関勤務で、300件以上の個人事業主、200件以上の中小企業の金融相談、融資案件等にかかわる。その中で、個人事業主にとって資金繰り、金融機関との関係がいかに重要かを知る。

その後、当時渉外担当者として訪問していた現在の勤務先に声をかけられ、経理や財務面を中心とした管理部門の担当者として現在の勤務先に入社。6年間の金融機関での勤務経験を活かし、「好条件でいつでも融資を受けられる企業」を目標に、現勤務先での増収増益に貢献。管理会計の重要さを訴え、資金繰りや会計面で経営をサポートしている。

現在は総務部長として、急成長を遂げてきた会社の骨組みを再構築し、「いつでも融資を受けられる企業」を目指し、奮闘中。

会社員としての仕事のみならず、ビジネス書評ブログ「成功へのアウトプット！」の発信や、セミナー、勉強会の主催など、精力的に活動している。

■ブログ「成功へのアウトプット！」 http://ameblo.jp/morio0823/
■連絡先（メールアドレス） omori0525@gmail.com

意外に知らない
個人事業主のためのお金の借り方・返し方

平成23年5月2日　初版発行

著　者　大森陽介

発行者　中島治久

発行所　同文舘出版株式会社
東京都千代田区神田神保町1-41　〒101-0051
営業　(03)3294-1801　編集　(03)3294-1802
振替　00100-8-42935　http://www.dobunkan.co.jp

ISBN978-4-495-59001-7
印刷／製本：萩原印刷　Printed in Japan 2011